KB075938

노
자
를

읽
다

노자를 읽다

전쟁의 시대에서 끌어낸 생존의 지혜

양자오 지음 · 정병윤 옮김

서문:
동양고전 읽는 법

1

　　2007년부터 2011년까지 5년간, 저는 민룽 강당_{敏隆講堂}에서 '중국 역사 다시 보기'_{重新認識中國歷史} 강좌를 개설하고 13기에 걸쳐 130강을 강의했습니다. 신석기에서 신해혁명까지 중국 역사를 죽 훑는 이 통사 강좌는 전통적인 해설을 벗어나 신사학 혁명_{新史學革命}● 이후 지난 100여 년간 중국 역사 연구의 새롭고 중요한 발견과 해석을 소개하는 데 역점을 두었습니다. '중국 역사 다시 보기'라는 제목도 그래서 달았지요.

　　'중국 고전을 읽다' 시리즈는 원래 이 통사 강좌에 이어지

●근대적인 방법론에 입각한 새로운 역사학

는 형식이어서 고전의 선별도 같은 취지로 역사적 관점에서 이루어졌습니다. 중국 역사를 다른 방식으로 한 번 더 강의하는 셈이지요.

저는 통사 강좌에서는 수천 년 중국 역사의 거대하고 유장한 흐름 가운데 제가 중요하다고 여기거나 소개할 만하며 함께 이야기할 만한 부분을 가려 뽑아 중국 역사를 보여 주려 했습니다. 반면 '중국 고전을 읽다'에서는 주관적인 선택과 판단을 줄여, 독자들이 직접 고전을 통해 중국 역사를 살피고 이해하게 되기를 바라고 있습니다.

오늘날의 일상 언어로 직접 수천 년 전 고전을 읽고 역사를 이해한다는 것은 매우 보기 드문 행운입니다. 현대 중국인은 2천여 년 전의 중국 문자를 번역 없이 읽을 수 있고, 정보의 대부분을 직관적으로 파악할 수 있으며, 조금만 더 시간을 들이면 보다 깊은 의미도 해석할 수 있습니다. 고대의 중국 문자와 오늘날 중국인이 일상에서 쓰는 문자 사이에는 분명하고도 강력한 연속성이 존재하지요. 현대 사회에서 통용되는 중국 문자의 기원은 대부분 거의 『시경』詩經과 『상서』尚書 시대까지 거슬러 올라가며, 그중 일부는 갑골문甲骨文이나 금문金文의 시대까지 소급됩니다. 문법에서도 꽤 차이가 있고 문자의 뜻이 완전히 일치하지는 않지만, 고대 중국 문자의 사용 규칙은 오늘날 쓰이는 문자와 대비해 보면 매우 쉽게 유추됩니다.

이는 인류 문명에서 매우 특이한 현상으로 사실상 세계 역사에서 또 다른 사례를 찾아보기 어렵습니다. 기원전 3천 년부터 오늘날에 이르기까지, 같은 기호와 같은 의미로 결합된 하나의 문자 체계가 5천 년 동안이나 끊이지 않고 이어져, 오늘날 문자의 사용 규칙대로 몇천 년 전의 문헌을 직접 읽을 수 있다니 대단하지요.

이처럼 고대부터 간단없이 이어진 중국 문자의 전통은 문명의 기본 형태를 결정짓는 데 상당한 영향을 주었습니다. 비록 중국 사회가 역사를 통해 이에 상응하는 대가를 치르기는 했지만, 이 전통 덕분에 지금 이 시대의 중국인은 매우 희소가치가 높은 능력을 얻었습니다. 이런 능력을 잘 이해하고 사용하지 않을 이유가 없지요.

2

　고전을 읽는 첫 번째 이유는 이런 것입니다. 중국 역사에는 가장 기본적인 자료들이 있습니다. 이 누적된 자료를 선택하고 해석하면서 역사의 다양한 서술 방식이 형성되었습니다. 중국 문자를 이해하고 그 역사에 관심이 있는 사람이라면 누구나 역사의 다양한 서술 방식을 접하고 나서 그 기본적인 자료들로 돌아갈 수 있습니다. 누구나 역사학자들이 어떻게 이 자료들을 멋지게 요리했는지 직접 살필 수 있고, 스스로 가장 기본적인 자료들을 들추며 서술의 옳고 그름을 따질 수 있는 것입니다.

　우리는 『시경』이 어떤 책인지 소개하는 책을 읽고, 『시경』

에서 뽑아낸 재료로 서주西周 사회의 모습을 재구성한 이야기를 듣기도 합니다. 그런데 이런 기초 위에서 『시경』을 읽으면 『시경』의 내용과 우리가 처음 상상한 것이 그다지 닮지 않았음을 알게 될지 모릅니다. 서주 사회에 대해 우리가 처음 품었던 인상과 『시경』이 보여 주는 실제 내용은 전혀 다를 수 있지요. 어쨌든 우리에게 무척 강렬한 독서의 즐거움을 안겨 줄 겁니다!

고전을 읽는 두 번째 이유는 그것이 현재와 다른 시공간에서 탄생했음에도, 인간의 보편적 경험과 감상을 반영한다는 데 있습니다. 오늘날에도 우리는 여전히 같은 인간이라는 입장에서 고전 속의 경험과 감상을 확인할 수 있고 느낄 수 있고 비교할 수 있습니다. 우리는 그 안에서 비슷한 경험과 감상을 발견하고, 시공간의 차이를 넘어 공감대를 형성할 수 있습니다. 그리고 다른 경험과 감상을 통해서는 우리 삶의 경험을 확장할 수도 있지요.

역사학 훈련에서 얻어진 습관과 편견으로 인해, 저는 고전을 읽을 때 오늘날 현실과는 전혀 다른 사실들이 던져 주는 지적 자극에 좀 더 흥미를 느낍니다. 역사는 우리에게 인류의 다양한 경험과 폭넓은 삶의 가능성을 보여 주고, 나아가 우리가 너무도 당연하게 여겼던 현실에 의문을 품고 도전하게 만들지요. 이 점이 바로 역사의 가장 근본적인 기능입니다. 또한 역사에 대한 학문이 존재하는 의의이자 다른 무엇과도 바꿀 수 없는 핵심 가치이기도 합니다.

3

중국 사회가 수천 년 동안 이어진 문자 전통 때문에 상응하는 대가를 치렀다는 사실은 앞서도 언급한 바 있습니다. 그중 하나는 이 연속성이 역사를 바라보는 중국의 전통 관점에 영향을 끼쳤다는 점입니다. 끊이지 않고 줄곧 이어진 문자 체계 때문에, 중국인은 조상이나 옛사람을 지극히 가깝게 여기고 친밀하게 느낍니다. 그래서 중국에서는 역사학이 과거에 발생한 어떤 사건을 연구하는 독립적인 학문이었던 적이 없습니다. 역사와 현실 사이의 명확한 경계가 인식되지 않고 떼려야 뗄 수 없는 연속체처럼 여겨지는 것이죠.

　우리는 삶의 현실에서 도움을 얻고자 역사를 공부합니다. 그런 까닭에, 중국에서는 나중에 생겨난 관념과 사고가 끊임없이 역사 서술에 영향을 끼치고 역사적 판단에 스며들었습니다. 한 가지 심각한 문제는 이 전통 속에서 사람들이 늘 현실적인 고려에 따라, 현실이 필요로 하는 방식으로 역사를 다시 써 왔다는 사실입니다. 시간이 흐르면서 서로 다른 현실적 고려가 겹겹이 역사 위에 쌓여 왔지요. 특히 고전에 대한 전통적인 해석들이 그 위로 두텁게 덧쌓였습니다. 따라서 우리는 갖가지 방식을 동원해 덧쌓인 해석들을 한 풀 한 풀 벗겨 내고 비교적 순수한 맨 처음 정보를 보려고 노력해야 합니다. 그런 뒤에야 『시경』을 통해 2천 년 전 또는 2천 5백 년 전 중국 사회의 어떤 모습이나 그 사람들의 심리를 참으로 이해했다고 할 수 있습니다. 또한 주周나라 당시의 정치 구조 안에서 『상서』가 표현하는 봉건 체제를 이해하며, 황제 통치가 확립된 진秦나라와 한漢나라 이후의 가치 관념으로 『상서』를 왜곡하는 일이 없을 것입니다.

'중국 고전을 읽다' 시리즈에서 저는 이 고전들을 '전통' 독법대로 해석하지 않을 생각입니다. 전통적으로 당연시해 온 독법은 특히 면밀한 검증과 토의를 필요로 합니다. 도대체 고전 원문에서 비롯된 해석인지, 아니면 후대의 서로 다른 시기에 서로 다른 현실적 요구에 따랐기에 그때는 '유용'했으나 고전 자체에서는 멀어진 해석인지 말이지요.

고전을 원래의 태어난 역사 배경에 놓려놓고 그 시대의 보편 관점을 무시하지 않는 것은 이 시리즈의 중요한 전제입니다. '역사적 독법'을 위한 '조작적 정의'● 라고도 할 수 있겠습니다.

우리는 '역사적 독법'의 기초 위에서 비로소 '문학적 독법'으로 나가는 다음 단계를 밟을 수 있습니다. 먼저 이 고전들은

　　●사물 또는 현상을 객관적이고 경험적으로 기술하기 위한 정의

오늘날의 우리를 위해 쓰인 것이 아니라, 그것들이 태어난 시대에 우리와 매우 다른 삶을 살았던 옛사람들이 쓴 것입니다. 그러므로 우리는 자기중심적인 태도와 자만심을 버리고, 잠들어 있는 보편된 인성을 일깨우며 다른 삶의 조건 속으로 들어가, 그들이 남긴 모든 것에 가까이 다가서야 합니다.

　이 과정에서 우리는 자신의 감성과 지성을 일깨움으로써, 전혀 알 수 없었던 다른 삶의 환경을 이해하고, 내면에 존재했지만 미처 몰랐던 풍요로운 감정을 느끼게 될 것입니다. 저는 후자 쪽이 훨씬 더 중요하다고 봅니다. 우리 삶의 현실이 제공해 줄 수 없는 경험은 이처럼 문자로 남아 있다가 아득히 먼 시공의 역사를 뚫고 나와 우리와 대화하며 새롭고 강렬한 자극을 던져 줍니다.

　고전이 태어났던 전혀 다른 시공간의 차이를 인정함으로써, 우리는 어떤 감정과 감동을 느끼고 일종의 기적을 맛보게 될 것입니다. 그 순간 우리는 현실적 고려에 의해 역사를 단편적으로 취하는 태도를 버리고, 역사를 관통하는 인류 보편의 조건과 역사와 보편 사이의 접점을 발견하며, 인간의 본성과 감정에 대한 더 넓고 깊은 인식으로 나아갈 수 있습니다.

4

'중국 고전을 읽다' 시리즈는 중요한 고전을 찾아 그 책의 몇 단락을 추린 다음 꼼꼼하게 읽는 방법을 취하고 있습니다. 이를 기초로 고전 전체의 기본 틀을 드러내고, 책과 그것이 탄생한 시대의 관계를 설명하려 합니다.

오늘날 전해지는 중국 고전의 규모는 참으로 어마어마해서 모든 고전을 처음부터 끝까지 다 읽는 것은 불가능합니다. 그래서 저는 고전 가운데 독자들이 쉽게 공감할 만한 내용을 고르는 한편, 가장 이질적인 정보를 전달할 수 있는 내용을 선택함으로써 독자들이 시공간을 뛰어넘는 신선하고 신기한 경험을 얻을 수 있도록 노력했습니다. 저는 첫 번째 방법으로 다음과 같은 효과를 기대합니다. "오! 저자의 말이 정말 그럴듯한데?" 두 번째 방법으로는 다음과 같은 반응을 바랍니다. "어? 이런 생각을 하는 사람이 다 있네!"

고전을 읽고 해석할 때 생각해야 할 몇 가지 기본 문제가 있습니다. 이 작품은 어느 시대, 어떤 환경에서 태어났을까? 당시의 독자들은 이 작품을 어떻게 읽고 받아들였을까? 왜 이런 내용이 고전이라 불리면서 오랫동안 변함없이 전해졌을까? 이 작품이 지닌 힘은 다른 문헌이나 사건, 사상 등에 어떤 영향을 끼쳤을까? 앞선 고전과 뒤따르는 고전 사이에는 어떤 관계가 있을까?

이 질문들은 어떤 고전 판본을 고를지 결정하는 기준이 되기도 합니다. 첫 번째 원칙은 가장 기원이 되며 본연에 가까운 판본을 고르는 것입니다. 역사와 선례를 중시하고 강조하는 전통 문화 가치에 따라, 하나의 고전에는 수많은 중국의 저작과 저술이 덧붙었습니다. 『사고전서』四庫全書에 수록된 3천 5

백여 종의 서적 가운데『논어』論語를 해석한 저작과 저술은 무려 100여 종이 넘습니다. 이 가운데 중요하거나 흥미로운 내용이 없는 것은 아니지만, 결국 모두『논어』라는 고전의 부산물일 뿐입니다. 따라서 우리가 가장 먼저 골라 읽어야 할 것은『논어』를 해석한 그 어떤 책이 아니라 바로『논어』입니다.『논어』는 당연히『논어』를 부연하고 해석한 그 어떤 책보다 기원과 본연에 가깝습니다.

이 원칙에도 예외는 있지요. 중국 삼국 시대의 왕필王弼이 주석한『노자』老子와 위진魏晉 시대의 곽상郭象이 주석한『장자』莊子는 불교의 개념으로 이 책들의 원래 내용을 확장하고 심화했으며, 나아가 위진 시기 이후 중국 '노장老莊 사상'의 기본 인식을 형성했습니다. 형식적으로는 부연이지만 실질적으로는 기원의 영향력을 지니는 셈입니다. 그래서 기본 텍스트로 보고 읽어야 합니다.

두 번째 원칙은 현대 중국어로 읽을 수 있어야 한다는 것입니다. 어떤 책들은 중국 역사를 이야기할 때 반드시 언급해야 할 정도로 중요합니다. 예를 들어 『본초강목』本草綱目은 중국 식물학과 약리학의 기초를 이루는 책으로 무척 중요하지요. 하지만 오늘날의 독자들에게 이 책은 어떻게 읽어 나가야 할지 너무도 막막한 대상입니다.

　다른 예를 하나 더 들겠습니다. 중국 문학사에서 운문이 변화하는 과정을 이야기할 때는 언제나 한나라의 부(한부漢賦), 당나라의 시(당시唐詩), 송나라의 사(송사宋詞), 원나라의 곡(원곡元曲) 등을 꼽습니다. 당시나 송사, 원곡이라면 읽을 수 있겠지만, 한부를 어떻게 읽을 수 있을까요? 중국 문자가 확장하고 발전해 온 역사에서, 한부는 매우 중요한 역할을 맡았습니다. 한나라 사람들은 외부 세계와 문자 사이의 서로 다른 대응 관계를 인식하기 시작했고, 수많은 사물과 현상에 상응하는 어휘를 기록하고 전달하는 데 어려움을 겪었지요. 그 때문에 어휘의 범주를 있는 힘껏 넓히고, 갖은 방법으로 복잡한 외부 세계의 눈부신 풍경을 모두 기록해 내려는 충동이 생겨났습니다. 따라서 한부는 일종의 '사전'과 같은 성격을 띱니다. 최대한 복잡하고 다양한 어휘를 사용해 인간이 알고 있는 모든 것을 요란하게 과시하는 장르이지요.

겉으로는 유려한 묘사로 내용을 전달하는 문학 작품처럼 보일지라도, 한부는 사실 새로운 글자를 발명하는 도구에 가까웠습니다. 보기만 해도 신기한 수많은 글자, 남들이 잘 쓰지 않는 기발한 글자를 늘어놓는 것이 한부의 참목적입니다. 글이 묘사하고 서술하는 것이 장원莊園의 풍경이든 도시의 풍경이든, 그것은 허울에 불과합니다. 장원에 대한 한부의 묘사나 서술은 풍경을 전하거나 그로 인해 일어나는 인간의 감정을 표현하는 데 뜻을 두지 않습니다. 한부는 이런 묘사와 서술을 통해 정원이라는 외부 세계에 속하는 모든 대상에 일일이 이름을 붙입니다. 한부 작품에 등장하는 이루 헤아릴 수 없이 많은 명사는 눈앞에 보이는 모든 대상 하나하나에 새롭게 부여한 이름입니다. 한부에 존재하는 수많은 형용사는 서로 다른 색채와 형상, 질감과 소리 등을 분별하기 위해 새로이 발명한 어휘지요. 상대적으로 동사는 그리 많지 않습니다. 한부는 무척 중요하고 소개할 만한 가치가 있으며 새롭게 알 필요가 있는 장르이지만 막상 읽기는 쉽지 않습니다. 읽는다 해도 도무지 재미가 없어요. 한부를 읽기 위해서는 글자 하나하나를 새로이 배우고 그 글자의 뜻을 새삼 되새겨야 하는데, 그럼에도 글을 읽고 나서 얻는 것은 그리 많지 않습니다. 초등학생이나 중학생들의 국어 경시대회와 비교할 수 있겠습니다.

　마지막으로 세 번째 원칙이 있는데, 이는 저 개인의 어쩔 수 없는 한계에서 비롯된 것입니다. 저는 저 자신이 읽고 이해할 수 있는 고전을 고를 수밖에 없습니다. 예를 들어 『역경』易經은 지극히 중요한 책이지만, 제가 가려 뽑은 고전 범주에 들지 않습니다. 예로부터 지금까지 『역경』에 대해 그토록 많은 해석이 있었고, 지금도 계속해서 『역경』에 대한 새롭고 현대적인 해석들이 나오고 있지만, 저는 아무래도 그 사상 세계로 들어갈 수가 없습니다. 저는 그와 같이 인간의 길흉화복을 점치는 방식에 설득되지 않으며, 도대체 무엇이 본연의 『역경』이 규정하고 전승하려던 의미였는지 판단할 수 없고, 무엇이 후대에 부연되고 수식된 내용인지 가려낼 수 없기 때문입니다. 역사적 독법의 원칙에 따르자면, 저는 『역경』을 논할 능력이나 자격이 없습니다.

5

'중국 고전을 읽다'에서 저는 다만 책을 읽는 데 그치지 않고 몇 단락씩 꼼꼼히 들여다보려 합니다. 중국 고전은 책마다 분량의 차이가 적잖이 존재하고 난이도의 차이도 크기 때문에, 반드시 이 두 가지를 잘 헤아려 읽을 내용을 결정해야만 합니다.

저는 고전의 원래 순서도 내용의 일부이고, 문단과 문장의 완전함도 내용의 일부라고 생각합니다. 책의 순서에 의미가 없음을 확신할 만한 이유가 있거나 특별하게 대비시키려는 의도가 아니라면, 저는 최대한 고전이 지닌 원래의 순서를 깨뜨리지 않으려고 했으며, 최대한 완전한 문단을 뽑아 읽으며 함부로 재단하지 않았습니다.

　강의 내용을 책으로 바꿀 때는 시간과 분량의 제한을 받기 때문에, 꼼꼼한 독해는 아마도 아주 짧은 단락에 그칠 것입니다. 하지만 여러분은 이를 통해 고전 속으로 들어가는 일에 차차 익숙해질 것입니다. 나아가 저는 여러분이 고전을 가깝게 느끼게 되어 책의 다른 부분을 스스로 찾아 읽었으면 하고 바랍니다. '중국 고전을 읽다'는 고전이 지닌 본연의 모습과 방식을 더듬어 여러분이 스스로 고전에 다가가는 기초를 닦도록 도울 것입니다. 이 책은 고전을 읽고 이해하는 데 중요한 첫걸음이 될 것입니다.

목차

노자와 장자는 다르다

도에 노닐다 ··· 도를 이용하다

『장자』「추수」秋水에는 다음과 같은 이야기가 있습니다. 혜자惠子(혜시惠施)가 양나라 재상이 되자 장자가 혜자를 만나러 양나라로 향했는데, 이때 어떤 자가 혜자에게 이렇게 말했습니다. "장자가 우리나라에 와서 공을 대신하여 재상이 되려고 한답니다." 이 말에 걱정이 된 혜자는 양나라 국경으로 사람을 보내 사흘 밤낮 동안 장자의 행적을 좇게 하였습니다. 하지만 그 사람은 장자를 찾을 수 없었고, 장자는 원래 계획대로 양나라로 와서 혜자를 만나 이렇게 말했습니다.

남방에 원추라고 불리는 새가 있는데 자네는 알고 있는가? 그

원추는 남해를 출발하여 곧장 북해로 날아가는데, 오동나무가 아니면 앉지 않고 대나무 열매가 아니면 먹지 않으며 단맛이 나는 샘물이 아니면 마시지를 않는다네. 그런데 썩은 쥐를 얻은 올빼미가 자신의 머리 위로 날아가는 원추를 보고는 혹 그 썩은 쥐를 빼앗길까 하여 머리를 들어 "꽥!" 하고 소리를 질렀다고 하네. 지금 자네는 양나라의 재상 자리 때문에 나에게 꽥 하고 소리를 치겠다는 것인가?

南方有鳥, 其名爲鵷鶵, 子知之乎? 夫鵷鶵發於南海而飛於北海, 非梧桐不止, 非練實不食, 非醴泉不飲. 於是鴟得腐鼠, 鵷鶵過之, 仰而視之曰 "嚇!" 今子欲以子之梁國而嚇我邪?

『장자』「추수」에는 또 다른 이야기가 나옵니다. 장자가 복수濮水 강가에서 고기를 낚고 있는데, 초나라 왕이 대부 두 사람을 시켜 자신의 방문을 장자에게 알리게 했습니다. 이에 두 대부는 장자에게 가서 이렇게 말했지요. "국왕께서 초나라 국정을 그대에게 맡기고자 합니다." 이 말에 장자는 손에 낚싯대를 든 채 고개도 돌리지 않고 이렇게 대꾸했습니다. "나는 당신들 초나라에 신비한 거북이 한 마리 있는데, 이미 죽은 지 3천 년이 지났다 들었습니다. 초나라 왕은 이 거북을 유난히

조심스럽게 잘 싸서 작은 대나무 통 안에 넣어 사당에다 모셔 놓고 있다고 하더이다. 당신들이 생각하기에 이 거북은 죽은 후의 뼈다귀가 존귀한 대우를 받는 것을 좋아하겠습니까, 아니면 살아서 진흙탕 속에서 꼬리를 끌며 다니길 원하겠습니까?" 이에 두 대부는 "살아서 진흙탕 속에서 꼬리를 끄는 편이 낫겠지요!" 했습니다. 그러자 장자는 "그렇다면 돌아들 가십시오. 나는 진흙탕 속에서 꼬리를 끌겠으니 귀찮게 하지 마십시오!"라고 대답했답니다.

이것이 정치권력을 대하는 장자의 기본 태도입니다. 권력을 쟁취하려는 사람들은 설령 권력을 얻었더라도 행여 잃어버리지는 않을까 항상 걱정하는데, 장자의 눈에 정치권력은 전혀 돌아볼 가치가 없는 '썩은 쥐'에 불과한 것이라 빼앗거나 붙들고 있을 성질의 것이 못 됩니다. 장자에게 권력과 그것이 가져다주는 지위는 한 인간의 자유롭고 활력 넘치는 생명력을 질식시키는 것이었습니다. 권력과 지위로 인해 인간은 스스로 결정하지 못하여 자신의 본성에 위배되는 굴레 속으로 자기 자신을 얽어맨다고 보았던 것입니다.

그런데 노자는 권력을 좀 달리 보았습니다. 노자와 장자는 둘 다 '도'道'를 근본으로 삼아, 모든 현상과 변화의 이면에는 일체의 자연을 움직이는 법칙이 있다고 믿었고, '도'가 그 법칙의 주재자라고 믿었습니다. 또한 그들은 '도'의 존재를 명확히 이해하고 '도'의 규율을 탐색하는 것이 무엇보다도 중요하다고 믿었지요. 그들의 공통점은 이것이 전부입니다.

장자는 '도'를 명료하게 깨우치면 우리가 지키려는 여러 가치의 실제를 여실히 바라볼 수 있으며, 그러한 가치들이 사실은 편협한 자기중심적 시각에서 비롯된 것임을 알 수 있다고 하였습니다. 따라서 모든 인간, 모든 동물이 다 '썩은 쥐'를 원하는 것은 아니며, '도'를 명료하게 이해하면 그러한 외부 기준 속에 자신을 함몰시키지 않고 자유롭게 살아갈 수 있다고 했습니다.

그런데 노자가 '도'를 이해하는 목적은 이 '도'를 처세와 권력에 운용하기 위함이었습니다. '도'를 이해하는 사람은 '도'를 이해하지 못하는 사람보다 훨씬 더 효과적으로 권력을 장악하고 권력을 사용하고 권력을 유지할 수 있다는 것이지요.

장자가 이해하는 '도'는 필연적으로 세상으로부터의 도피라는 성격을 띱니다. '범속한 대중은 세속의 권력과 향락과 안락을 갖고자 안달하지만 이것은 사실 올빼미 주둥이에 물려 있는 냄새나는 쥐새끼일 뿐이니, 내가 무엇 때문에 이것을 차지하기 위해 남들과 아옹다옹한단 말인가?' 이것이 장자의 생각입니다. 이에 반해 노자는 권력을 차지하고 오래도록 유지하는 가장 좋은 방법으로 '도'를 이해했습니다. 즉 권력을 가지고 있지 않은 듯, 권력에 무관심한 듯해야 한다는 말입니다. 노자의 '도'에는 이렇듯 다소간의 역설적인 성격이 담겨 있습니다.

만물은 한데 섞여 있다 … 텅 빔을 근본으로 하다

『장자』「천하」天下에서는 전국 시대의 여러 학자를 논하면서 장자와 노자를 별개로 다룹니다.

그의 행위는 흐릿해서 자취가 없고 사물을 따라 변화해서 일정함이 없으니, 이는 죽은 것인가, 살아 있는 것인가? 천지와 함께하는 것인가, 신명과 함께 가는 것인가? 아득한데 어디로 가는 것이고, 총망한데 어디로 향하는 것인가? 만물이 일제히 나열돼 있지만 귀속시킬 방도가 없다. 이것도 옛날의 도술 가운데 있는 학설이다. 장주莊周(장자)는 이 주장을 듣고 못내 기뻐했다.

芴漠無形, 變化無常, 死與生與, 天地並與, 神明往與. 芒乎何之,

忽乎何適, 萬物畢羅, 莫足以歸. 古之道術有在於是者, 莊周聞其
風而悅之.

"흐릿하고 모호하여 고정된 형상이 없고 일정한 규율 없이 끊임없이 변화하니, 이것은 살아 있는 것인가, 아니면 죽어 있는 것인가? 또 이것은 천지와 함께 존재하는 것인가, 아니면 신명神明을 따라 왔다 가는 것인가? 망연하여 어디로 가는지 알 수 없고, 총망하여 어디로 향하는지 알 수 없다. 세상 만물이 일제히 늘어서 있지만 이들을 분류하고 정리할 방법이 없다."

이것은 장자의 학문과 사상의 근원입니다. 『장자』「천하」는 『초사』楚辭 「천문」天問을 떠올리게 합니다. 여기서 제기되는 물음들은 어떤 구체적이거나 견실한 주장이 아닙니다. 장자의 학설은 「천문」과 마찬가지로 대답보다 물음 자체가 더 중요하며, 일부 근원적인 물음은 대답할 수 있는 성질의 것이 아니지요. 왜냐하면 일단 대답이 되면 그 대답은 본래 '무형'無形인 것을 억지로 '유형'有形화하는 것이 되고, 본래 '무상'無常인 것을 '유상'有常인 것으로 만드는 것이 되는 까닭이지요. 그래서 장자는 "심원한 학설과 황당한 말, 광대한 표현으로 이야기했고, 또 때로는 마음 가는 대로 행동하고 한쪽으로 치우치거나 한쪽에 얽매이지 않았습니다."以謬悠之說, 荒唐之言, 無端崖之辭, 時恣縱而

不僅, 不以觭見之也. 간접적이고 에두르고, 아득하여 종잡을 수 없고, 끝 간 데 모를 과장과 거칠 바 없는 자유자재 그리고 어느한쪽으로 치우침이 없어야만 '무형'의 것을 유형화하거나 '무상'無常의 것을 유상화有常化하지 않게 되고, 나아가 자신의 본마음을 거스르지 않게 된다는 것입니다.

천하를 침체하고 혼탁한 것이라 보고 속인과는 장중한 진리를 논할 수 없다고 여겨, 그는 임기응변식의 두서없는 말을 끝없이 늘어놓았고, 옛사람의 말을 써서 진실성을 도모했고, 우언을 써서 도의 광대무변을 논했다. 그는 홀로 하늘과 땅의 정신과 왕래하며 만물을 무시하지 않고, 옳고 그른 것을 따지지 않으며 세속에 순응하며 살았다.

以天下爲沉濁, 不可與莊語, 以卮言爲曼衍, 以重言爲眞, 以寓言爲廣. 獨與天地精神往來, 而不敖倪於萬物. 不譴是非, 以與世俗處.

이처럼 장자는 동시대 사람들과 대화하려 하지 않았고 그들에게 뭔가를 가르치려 하지도 않았습니다. 그는 진지한 표현이 담긴 말을 하지 않았고 상황에 따라 애매하게 얘기했으며, 다른 사람이 한 말을 가지고 도리를 증명하기도 했고, 또 어떤 때는 우언寓言으로 도리의 범위를 확대하기도 했습니다. 끝없이 탁 트인 천지정신天地精神은 그의 사고의 진정한 동반자였지만, 그렇다고 해서 만물을 경시하거나 세속의 옳고 그름을 부정하는 일 없이 그는 세속에서 사람들과 어울려 지냈습니다.

노자는 이와 좀 다릅니다.『장자』「천하」에서는 이렇게 말합니다.

근본을 정수로 여기고 형체 있는 사물을 조잡한 것으로 여기며, 사물의 축적을 흡족하게 여기지 않고 담담히 홀로 신명神明과 더불어 거했다. 고대에 이 방면의 도술道術에 집중했던 이들이 있었는데, 관윤과 노담이 이 학풍을 전해 듣고 그에 심취했다. 이것은 상常과 무無와 유有를 바탕으로 하되 태일太一을 중심으로 삼았으며, 연약하고 겸손한 것으로 외표를 삼되 공허하여 만물을 훼손치 않는 것을 실질로 삼았다.

以本爲精, 以物爲粗, 以有積爲不足, 澹然獨與神明居. 古之道術有在於是者, 關尹老聃聞其風而悅之. 建之以常無有, 主之以太一, 以濡弱謙下爲表, 以空虛不毀萬物爲實.

이 말은 근본 도리는 깊고 미묘한 것이고, 만물의 실체는 이러한 근본 도리가 조잡하게 겉으로 드러난 것일 따름임을 주장합니다(따라서 사물 자체에 집착하지 말고 근본 도리에 따라 행동하라는 말이지요). 그리고 축적된 것은 오히려 부족하니 일체를 내던지고 홀로 사물의 속박에서 벗어나 신명神明과 함께 살아가는 것이 최선이라 말하지요. 고대의 이 같은 생활 철학은 관윤關尹과 노자를 매료시켰는데, 이 철학은 '무'無, '상'常, '유'有라는 세 가지 관념을 기초로 하고 '태일'太―을 주요 원칙으로 삼아, 겉으로는 물처럼 유약하고 겸손하되 실제로는 텅 빈 상태를 유지하고 기존의 만물을 훼손하지 않음을 주장합니다.

노자는 세상에 존재하는 만물에 정신을 소모해 가면서까지 추구할 만한 가치는 없으며 만물의 배후에 있는 '근본'本이야말로 우리가 지켜야 할 소중한 것이라고 말합니다. 그런데 이 '근본'의 법칙이라는 것이 매우 역설적입니다. 겉보기에 부유하면 부유할수록 내실은 더 가난해지며, 가장 강인하고 가장 성공한 사람은 다름 아닌 누구보다도 유약하고 겸손하여 아무런 힘도 고집하는 바도 없어 보이는 사람이라는 겁니다. 또한 세상에서 가장 소중한 것은 어떤 구체적인 사물이 아니라 아무것도 존재하지 않는 '텅 빔'이라고 합니다. 비어 있어야 만물을 받아들일 수 있기 때문이라는 거지요.

치세에는 황로, 난세에는 노장

전국 시대 말기, 장자의 제자들에게 장자와 노자는 같은 유파가 아니었습니다. 그런데 한漢나라가 들어선 후, 한나라는 진秦나라의 잘못을 거울삼아 진나라와 상반되는 통치 철학을 채택하였고, 그 결과 '황로'黃老●가 존숭되었습니다. 당시의 '도가'道家는 정치와 통치에서 '무위'無爲를 중시하며 백성과 함께 휴식한다는 사상에 중점을 두었고, '도가'의 대표 인물은 황제와 노자로 장자는 여기에 포함되지 않았습니다.

'황로'는 정치권력상의 원칙이었기에 일반 개인과는 별다른 관련이 없었습니다. 이를테면 권력을 장악한 자가 어떻게 "행함이 없으면서 행하지 않음이 없게"無爲而無不爲 하여 피지배층에게 자신을 낮추면서도 더욱더 큰 권력을 운용하고, 권력을 확실하게 쥐고, 그러면서도 자신에게 더욱 유리한 상황을 만들어 낼 것인가를 이야기했던 것입니다. 한나라 전체에 걸

　　●'황'은 황제黃帝, '로'는 노자老子를 의미

처 유행했던 것은 이러한 '황로 도가'였으며, '황로 도가'는 한 나라 말기에 이르러서야 '노장老莊 도가'로 바뀌었습니다. 그리 하여 수백 년 동안 중시되지 못했던 장자가 노자와 동급으로 상향 조정되었고 황제는 폐기되었습니다.

왜 이러한 변화가 일어났을까요? 여기에는 사상思想의 대 상이 바뀌었다는 중요한 요인이 있습니다. 한나라 말기에 발 생한 대란大亂은 유씨劉氏 정권을 무너뜨렸고, 이리하여 황제부 터 최하층 관료에 이르는 모든 지배 계층은 본연의 임무를 수 행할 수 없게 되었습니다. 정치의 주체가 모두 사라진 마당에 정치 원리가 무슨 필요가 있겠습니까?

이 같은 난세 속에서 의지할 바를 잃어버린 사람들은 자 신의 고통과 당혹과 불안을 가라앉혀 줄 새로운 철학과 지혜 를 필요로 했습니다.

호탕하고 걸림이 없는 장자의 분방은 동란 속에서 새로 운 철학과 지혜를 추구하는 지식인에게 어필하는 바가 있었 고, 노자는 그들에게 장자에게는 없는 지적 권위를 제공해 주 었습니다. 그리하여 '황로'는 물러나고 대신 '노장'이 등장하게 되었습니다. 그리고 '도가' 또한 정치 철학 또는 통치 원리에서 벗어나 인생철학, 난세 속의 세계관으로 방향을 바꾸게 되었 습니다.

그 무렵 불교가 인도로부터 들어왔습니다. 불교 교리의 핵심은 '공'空으로, 이 '공'은 인생의 '괴로움'苦에 어떻게 대응할 것인가를 다루었습니다. 사회 질서가 완전히 무너진 시대에 인생의 괴로움을 직접 체험한 사람들은 인생은 괴로움이라는 불교의 사고방식을 쉽게 받아들였습니다. 게다가 '공'의 관념 또한 도가의 '무'와 통하는 면이 있었지요. 그리하여 '불'佛과 '도'道는 긴밀한 관계를 맺게 되었습니다.

왕필王弼이 주석을 단 『노자』, 상수向秀와 곽상郭象이 주석을 단 『장자』에는 당시의 새로운 불교 관념이 들어 있습니다. 또 불교는 『노자』와 『장자』의 문구를 인용하여 자신의 주장을 펴 나갔습니다. 이리하여 불교는 성공적으로 '중국화'할 수 있었고, 노자와 장자는 떨어지려야 떨어질 수 없는 하나의 사상이라는 인식을 사람들에게 심어 주었습니다.

남방의 은자 문화

엉성한 기록

　사마천의 『사기』는 우리가 진지하게 연구하고 이해할 만한 가치가 있는 위대한 저서임이 틀림없습니다. 그러나 그렇다고 하여 『사기』의 문구 하나하나가 모두 신뢰할 만하고 태사공 사마천이 쓴 내용 모두가 역사 사실이라는 말은 아닙니다. 안타깝게도 『사기』「노자한비열전」老子韓非列傳 중 노자에 관한 기록은 너무도 엉성합니다.

　사마천은 부친 사마담司馬談을 이어 사관이 되었는데, 사마담의 저작은 오늘날 「논육가요지」論六家要旨 한 편이 『사기』「태사공자서」太史公自序 안에 남아 있을 뿐입니다. 이 「논육가요지」에서 사마담은 '도가'를 다음과 같이 말하고 있습니다.

도가의 학설은 사람으로 하여금 정신을 집중시켜 행동을 무형의 도에 합치하게 하고, 또한 만물을 풍성하게 한다. 그들의 학술은 음양가의 순조로운 원리에서 비롯하며, 유가와 묵가의 장점을 취하고, 명가와 법가의 요점을 종합하여, 항상 시대의 추이와 함께하고 사물에 순응하여 변화한다.

道家使人精神專一, 動合無形, 贍足萬物. 其爲術也, 因陰陽之大順, 采儒墨之善, 撮名法之要, 與時遷移, 應物變化.

이 말은 음양가陰陽家, 유가儒家, 묵가墨家, 명가名家, 법가法家 등 5가家의 핵심과 장점을 모아 놓은 것이 도가라는 것으로, 사마담은 이 몇 마디 말로 자신의 사상적 입장을 충분히 보여줍니다. 즉 자신은 도가이고, 도가의 입장에서 '6가의 요지를 비평'論六家要旨하고 있다는 사실이지요.

한 걸음 더 나아가 사마담은 6가의 원류를 분석하면서 "사람으로 하여금 정신을 집중시켜 행동을 무형의 도에 합치하게 하고, 또한 만물을 풍성하게 한다"라는 도가 사상이 다른 사상보다 나중에 발생한 까닭에, 앞서 발생한 다른 사상의 장점을 취합할 수 있었다고 단언합니다. 그런데 사마천은 부친의 이러한 주장을 받아들이지 않습니다. 『사기』「노자한비열전」에서 사마천은 노자 사상이 6가 중 가장 앞선 시기에 나타났다고 보았던 것입니다.

『사기』에서는 노자가 성이 이李이고 이름은 이耳, 자는 담聃이며 "주나라 왕실 서고의 기록관"이라고 한 다음, 대뜸 공자가 노자에게 예를 물었던 이야기를 언급합니다. 이 이야기는 『예기』禮記와 『장자』 등 전국 시대의 문헌에서 수차례 보이는데, 여기서 보자면 노자는 공자보다 나이가 많고, 지혜롭기로 당시에 꽤 유명했던 사람이었던 것 같습니다.

그러나 공자가 노자에게 예를 물었다는 이야기 뒤에 사마천은 갑자기 붓끝을 돌려 "일설에 의하면 노래자老萊子도 초나라 사람으로 15편의 책을 저술하여 도가의 쓰임을 논했는데 공자와 동시대 사람이다"或曰 老萊子亦楚人也, 著書十五篇, 言道家之用, 與孔子同時云라고 적고 있습니다. 이 말은 누군가의 말 또는 어떤 기록에 따르면, 노자는 초나라 사람이고 그가 곧 노래자이며, 그가 쓴 책은 상하 2편으로 된 『도덕경』이 아니라 또 다른 15편이고, 공자보다 나이가 많은 것이 아니라 공자와 대략 같은 시대 같은 세대의 인물이라는 뜻이 됩니다.

사마천이 덧붙인 이 말은 그의 성실성을 보여 주는 듯합니다. 사마천은 노자가 곧 노래자라고 기록한 사료를 본 적이 있을 겁니다. 더욱 중요한 것은 사마천이 노자가 공자보다 앞선 시기의 사람이라거나 공자가 노자에게 예를 물었다는 이야기를 충분히 신뢰하고 있지 않다는 점입니다. 사마천의 이러한 의구심은『논어』와 공자에 대한 그의 이해에서 생긴 것입니다.

공자의 행적을 기록한 가장 믿을 만한 자료는 공자의 제자들이 편찬한『논어』입니다. 그런데 이『논어』에는 공자가 주나라로 가서 노자에게 예를 물었다는 이야기가 전혀 언급되어 있지 않습니다. 게다가 전국 시대의 문헌대로라면 공자가 노자를 만난 것은 공자의 나이 50세 때의 일인데,『논어』「위정」爲政에서 공자는 본인 스스로 "나는 15세에 배움에 뜻을 두었고, 30세에 학문의 기틀을 세웠으며, 40세에는 의구심이 들지 않았고, 50세에 천명天命을 알았으며, 60세에는 남의 말을 들으면 그 뜻을 이해하게 되었고, 70세에는 하고 싶은 대로 해도 법도에 어긋나지 않았다"吾十有五而志于學, 三十而立, 四十而不惑, 五十而知天命, 六十而耳順, 七十而從心所欲不踰矩.라고 말했습니다. 이 말에 따르면, 나이 쉰 살에 이미 천명을 알았다는 얘기인데, 그런 공자가 어떻게 '도道의 핵심'을 이해하지 못해 노자에게 가르침을 청했다는 것인지 선뜻 이해가 가지 않습니다.

또『논어』「미자」微子에는 다음과 같은 이야기가 나옵니다.

자로가 공자를 따르다가 뒤에 처졌는데, 지팡이에 대바구니를 매달아 어깨에 걸머진 노인을 만났다. 자로가 "어르신께서는 우리 선생님을 보지 못하셨습니까?" 하고 묻자 노인은 "사지를 부지런히 놀리지 않고 오곡을 분별하지 못하거늘, 누굴 선생이라 하는가?"라고 하고는 지팡이를 꽂아 놓고 김을 맸다. 자로가 두 손을 가지런히 모으고 서 있자 노인은 자로를 붙잡아 머물도록 하고는, 닭을 잡고 기장밥을 지어 먹이고 두 아들을 인사시켰다. 다음 날 자로가 달려가 공자에게 이 일을 고하니 공자께서는 "은자로구나" 하였다. 그리고 자로로 하여금 다시 한 번 만나 보게 하였다. 자로가 노인의 집에 이르러 보니 노인은 떠나고 없었다. 자로가 말했다. "관직에 나가지 않는 것은 의롭지 못한 일입니다. 어른과 아이 사이의 예절도 폐할 수 없는 것인데, 하물며 임금과 신하 사이의 도의를 어찌 폐할 수 있겠습니까? 자기 몸만 깨끗이 하고자 한다면 큰 인륜이 어지럽게 됩니다. 군자가 벼슬을 하는 것은 그런 도의를 행하는 것입니다. 그런데 지금은 그런 도가 행해지지 않고 있다는 것은 잘 알고 계실 것입니다."

子路從而後, 遇丈人, 以杖荷蓧. 子路問曰 "子見夫子乎?" 丈人曰 "四體不勤, 五穀不分, 孰爲夫子?" 植其杖而芸. 子路拱而立. 止子路宿, 殺雞爲黍而食之, 見其二子焉. 明日, 子路行以告. 子曰 "隱者也." 使子路反見之, 至則行矣. 子路曰 "不仕無義. 長幼之節, 不可廢也. 君臣之義, 如之何其廢之? 欲潔其身, 而亂大倫. 君子之仕也, 行其義也. 道之不行, 已知之矣."

공자를 모시고 출행에 나섰다가 뒤처져 공자를 놓친 자로가 지팡이에 김매는 도구를 매달아 어깨에 걸치고 걸어가는 노인을 보고 그에게 물었습니다. "제 스승이 이리로 지나가시는 것을 보지 못하셨습니까?" 이에 그 노인은 이렇게 대답합니다. "자네는 노동을 별로 해 보지 않은 것 같군. 사지가 그리 발달하지 않은 걸 보니. 십중팔구 오곡이 어떤 모양인지도 모를 것 같구먼. 무례하게 그리 물은들, 자네 스승이 누군지 내 어찌 알겠는가?" 그러고는 지팡이를 짚고 잡초를 뽑으러 가 버렸습니다.

자로는 자신의 행동이 도리가 아니었음을 깨닫자 공손하게 두 손을 합장하고 그대로 자리에 서서 경의를 표했습니다. 이에 노인은 자로를 자신의 집에서 하룻밤 묵게 하며 닭을 잡아 자로를 대접했고 또 자신의 두 아들을 자로에게 인사시키기도 했습니다. 이튿날 스승에게 달려온 자로가 공자에게 그 일을 이야기하니 공자는 "그는 보통 농부가 아니라 은자이다"

라고 하며 자로더러 돌아가서 그 노인을 다시 찾아가라고 했습니다.

　자로가 돌아가 보니 노인은 이미 출타 중이라 집에 없었습니다. 이에 자로는 노인의 아들에게 "자신의 능력을 관직에 바치지 않는 것은 옳지 않습니다. 어른과 아이의 관계, 아버지와 아들의 관계는 그만둘 수 없거늘, 어떻게 임금과 신하의 관계를 그만둘 수 있겠습니까? 자기 한 몸의 고결만을 생각하면 오히려 임금과 신하 사이의 중요한 관계를 해치게 됩니다. 군자가 임금에게 쓰이는 것은 신하의 직무를 다하기 위함이며, 천하에 올바른 뜻이 행해지지 않고 있음은 잘 알고 계실 것입니다!"라고 말합니다.

　이 이야기에서 주목해야 할 것은 노인이 "지팡이에 대바구니를 매달아 어깨에 걸머졌다"는 점입니다. 그리고 '노래자' 老莱子의 '莱'(래) 자에는 '잡초를 제거하다'라는 뜻이 있습니다. 이 점에서 사마천은 김매는 도구를 들고 가는 이 노인이 바로 '노래자'일 가능성이 크다고 보았습니다. 또한 공자와 이 은자의 만남과 대화가 후대에 가서 '공자가 노자에게 예를 묻다'라는 이야기로 변형되었다고 생각했습니다. 『논어』에는 공자가 여러 나라를 떠돌면서 만난 은자로부터 질문받고 비웃음당하는 이야기가 종종 등장하는데, 사마천은 '공자가 노자에게 예를 묻다'라는 이야기가 공자의 이러한 행적이 와전된 것이고, 공자가 일부러 주나라 '수장실의 사관'을 찾아가 가르침을 받았다는 이야기는 사실이 아니라고 믿었습니다.

누가 함곡관을 나왔나

노자가 '노래자'일 수 있다고 말한 다음 사마천은 또 이렇게 말합니다. "진秦나라 헌공獻公 때 주나라의 태사太史인 담儋이 진나라의 헌공을 뵙고 '진나라는 주나라에 속한 지 500년 후에 주나라에서 떨어져 나올 것이며, 떨어져 나온 지 70년 후에는 천하를 통치할 패자霸者를 낼 것입니다'라고 예언했다." 그런데 여기서 '儋'(담)은 '聃'(담)과 발음이 같고, 둘 다 주나라의 태사(기록관)입니다. 그리하여 역사 자료에서는 이 두 이름을 동일 인물로 봅니다.

그런데 사마천은 '담'儋과 '담'聃을 동일 인물로 보는 견해를 선뜻 받아들이지 못합니다. 그 이유를 생각해 보면 그의 망설임은 쉽게 이해가 갑니다. 사마천의 의문은 이렇습니다. 진나라 헌공 때 주나라의 태사가 진나라로 갔다면 공자가 죽고

129년이 지난 뒤의 일입니다. 공자보다 연장자 혹은 공자와 대략 동시대 사람인 노자가 어떻게 공자 사후 129년 뒤에 진나라 헌공을 만나러 갈 수 있었을까요? 할 수 없이 사마천은 보충 설명하는 투로 이렇게 말합니다. "노자는 160여 세까지 살았다고 하며 혹은 200여 세까지 살았다고도 한다. 도를 닦은 덕에 장수할 수 있었다." 말도 안 되는 얘기지만, 설령 노자가 160여 세를 살았다고 해도 그가 공자의 스승이 되거나 진나라 헌공을 만나기에는 부족합니다. 그게 가능하려면 노자는 200세를 훌쩍 넘겨서까지 살았어야 합니다.

『사기』「노자한비열전」에 따르면, 노자는 오랫동안 머물고 있던 주나라가 쇠하는 것을 보고 마침내 그곳을 떠났습니다. 100여 년 동안 주나라의 태사로 있었으니, 정말 긴 시간이라 하지 않을 수 없습니다. 어쨌든 노자는 중원을 벗어나 진나라로 향합니다. 진나라에 들어가면서 거친 관문에서 노자는 어떤 문지기를 만납니다. 노자가 큰 지혜의 소유자임을 알고 있던 문지기는 그가 이번에 관문을 나가면 다시는 돌아오지 않으리라 짐작하고 노자에게 그의 사상을 글로 남겨 달라고 간곡히 청합니다. 그리하여 오늘날 우리가 접하는 『도덕경』 5천여 자가 이루어집니다.

이 부분도 내용이 엉성하기는 마찬가지입니다. 그 후 와

전이 거듭되어 『사기』의 주석자들은 노자가 지나간 관문이 '함곡관'函谷關이라는 주장을 펴게 되었는데, 함곡관은 진나라 헌공 때 존재조차 하지 않았던 관입니다. 그리고 '관윤'이란 인물은 앞에서 인용한 『장자』를 포함해 전국 시대의 여러 문헌에서 나타나는데, 이 문헌들은 모두 '관윤'을 철학적 사상을 가진 인물로 보고 있습니다. 그런데 『사기』는 뜻밖에도 '관윤'關尹을 사람 이름이 아닌 글자 그대로 '관문을 지키는 사람'으로 해석했습니다. 비교적 이른 시기의 전국 시대 역사 자료를 보면, '관윤'은 전국 시대에 활약했으며 노자와 대략 동시대에 '도'의 개념을 발전시켰습니다.

『사기』에서 노자를 다룬 부분 맨 마지막에는 노자(이이李耳) 후손의 가계家系가 나옵니다. 이에 따르면, 이이의 아들 이종李宗은 위魏나라의 장수였고, 손자 이주李注, 증손 이궁李宮, 이궁의 현손 이가李假는 모두 한漢나라 문제文帝 때 관리였으며, 이가의 아들 이해李解는 교서왕膠西王 유앙劉卬의 태부太傅(태자를 보필하는 관리)가 되어 제齊나라에서 살았습니다. 이 가운데 이가와 이해는 사마천과 그리 멀지 않은 시대를 산 사람입니다.

이 가계 기록은 그다지 수긍이 가지 않습니다. 무엇보다 위나라는 기원전 403년 '삼가분진'三家分晉(한씨韓氏, 위씨魏氏, 조씨趙氏 세 집안이 진晉나라를 셋으로 나눠 차지한 사건)으로 하나의 나라가 되었고, 이때는 공자가 세상을 떠난 지 이미 70여 년이 지난 후입니다. 그러니 노자의 아들이 위나라의 장수가 되려면 그가 노자의 나이 100세가 넘어 태어났든지, 자신도 부친처럼 100세 이상 장수해야만 합니다. 또 한 가지 의문은 설령 노자와 공자가 동갑이라 쳐도 노자의 출생부터 한나라 문제 때까지는 약 600년의 시차가 있는데, 이 가계 기록에 의하면, 이 600년 동안 노자 집안은 단 8대만 흘렀을 뿐입니다. 일반적으로 30년을 한 세대로 치는데, 그의 집안은 평균 잡아 70여 년이 한 세대란 셈이니 이상하지 않습니까?

왕관학 이외의 지혜

이 엉성한 기록을 어떻게 받아들여야 할까요?

여기에는 두 가지 태도가 있을 것입니다. 하나는 전통적인 태도로, 이 점에 크게 개의치 않는 것입니다. 어찌 됐든 노자를 공자와 대략 동시대 인물로 간주하고, 『노자』를 『논어』와 마찬가지로 춘추 시대에 나온 오래된 고대 문헌으로 여기는 태도입니다.

또 다른 태도는 정확한 고증을 바탕으로 역사를 연구하는 것입니다. 즉 사마천의 기록 중 신뢰도가 높은 내용을 기준으로 사실을 유추해 나가는 것입니다. 『사기』에 기록된 노자의 가계에서 가장 믿을 만한 것은 당연히 사마천의 시대와 가장 가까운 교서왕의 태부 이해일 것이고, 이해는 이이(노자)의 8대손이니 그로부터 거슬러 올라간다면 이이의 연대는 기원전 3세기 무렵, 즉 전국 시대 중후기에 해당합니다. 이는 『노자』 본문에서 얻은 증거와도 딱 들어맞습니다.

역사학자 첸무錢穆 선생은 노자의 생존 연대에 관한 글을 네 편 썼는데, 여기서 그는 『노자』의 문장에 나온 전국 시대의 사물 이름과 어휘를 구체적으로 예로 들어가며 『노자』가 춘추 시대에 이루어졌을 가능성을 부정했습니다. 그리고 이치를 직접적으로 피력하는 『노자』의 서술 방식은 『논어』와는 크게 다르고 웅변적인 논조의 『맹자』나 『장자』와도 다르며, 차라리 『순자』나 『한비자』에 더 가깝습니다.

이러한 안팎의 증거를 총괄해 보면, 첫째, 『노자』의 저자는 전국 시대의 인물이고, 둘째, 『노자』의 제작 시기는 『장자』 「내편」內篇보다 늦은 전국 시대 후기일 가능성이 큽니다. 그리고 '이이'라는 인물의 일생과 생존 연대는 늦어도 한나라 초 사마천의 시대에 이미 '노담'이라는 또 다른 인물과 혼동되고 있었음을 알 수 있습니다.

　공자와 비슷한 시기를 살았던 주나라 태사 '노담'은 『노자』를 쓴 '이이'보다 3백 년 가까이나 앞선 인물입니다. 그런데 어떤 이유에서인지, 어쩌면 『노자』라는 이 책의 제목 때문일지도 모르겠습니다만, '이이'는 '노담'이 되고 그에 따라 『노자』라는 책은 사실보다 3백 년이나 앞서 이루어진 것으로 오인된 것입니다.

　'노담'과 '이이', 이 두 인물을 동일 인물로 보는 관점은 고대 남방의 '은자 문화'에서 비롯되었습니다. 고대 중국 남방에는 공자의 시대에 이미 주나라의 가치관과는 확연히 구별되는 '은자 문화'의 전통이 있었습니다. 공자는 철두철미하게 봉건 제도에서 비롯된 종법宗法 문화의 산물입니다. 종법 제도의 핵심 지역에서 태어나고 성장한 공자였기에, 그는 봉건 제도의 질서가 파괴되고 무너질 때 그 흐름을 막을 수 없음을 뻔히 알면서도 기존의 봉건 예법을 회복하고 유지시키기 위해 혼신의 노력을 기울였습니다.

　『사기』 「노자한비열전」에 따르면, 이이는 초나라 고현苦縣 여향厲鄕 곡인리曲仁里 사람입니다. 그런데 '초나라 고현'이라는 곳은 전국 시대에야 존재했고 춘추 시대에는 없었습니다. 기원전 479년 초나라가 진陳나라를 병합하면서 훗날 '고현'이라

불린 진나라의 땅이 초나라의 땅이 되었던 것입니다. 이는 『노자』의 저자가 공자와 동시대 인물이 아니라는 또 다른 증거입니다.

진나라나 초나라는 황하 유역에 있던 국가들에 비하면 모두 '남방'에 있습니다.

남방, 특히 초나라는 지리적으로 변방에 있어 봉건 제도의 토대가 중원처럼 그렇게 확고하지 않았습니다. 더욱 중요한 것은 서주西周가 세워지기 전에 이곳 남방에 이미 고유의 독특한 문화 전통이 있었다는 사실입니다. 남방에서는 노魯나라의 공자와 같이 봉건 제도의 종법에 호감을 갖는다거나 무슨 일이 있더라도 종법 질서만큼은 지켜 나가야 한다는 열정 같은 것은 없었습니다.

공자는 자신의 온몸을 버팀목으로 내던질망정 자신이 신봉하는 종묘가 붕괴되는 것을 차마 바라볼 수 없었지만, 종법 제도의 변방에 살고 있던 사람들은 대체로 이처럼 거대한 종묘가 무너지면 자신을 어떻게 덮치고 다치게 할 것인지에 관심이 쏠려 있었습니다.

『논어』에는 공자가 남방에서 장저長沮나 걸닉桀溺, 초나라 미치광이 접여接輿로부터 조롱당한 일이 기록되어 있는데, 은자인 이들이 공자를 비웃는 것은 조금도 특별한 일이 아닙니다. 그들의 생명관과 가치관이 공자와 크게 달랐던 까닭입니다.

은자가 은자가 되는 이유는 그들이 종법 제도의 붕괴가 가져오는 난세와 일정한 거리를 유지하는 태도를 취하는 데 있었습니다. 그들은 이러한 종법 제도가 무너지고 있음을, 그리고 이러한 상황을 다시는 되돌릴 수 없음을 일찌감치 간파했습니다. 그리하여 이러한 난세 속에서 자신을 보호하여 상처받지 않고 될 수 있는 한 평온하고 자유로운 상태를 유지하고자 지혜를 모았던 것입니다.

이들 남방의 '은자' 혹은 '지자'智者는 전부터 내려오던 '왕관학'王官學(지배 이데올로기)의 추종자가 아니었습니다. 그들은 『시경』詩經, 『서경』書經, 『주역』周易, 『예기』禮記, 『악경』樂經, 『춘추』春秋가 변경할 수도 없고 내던질 수도 없는 진리의 토대라고 생각했던 공자와 달랐습니다. 그들은 서주 '왕관학'의 경전에 따라 말하지 않았기에 어떠한 저작도 남기지 않았고, 그저 그들과 주류 가치관 사이의 충돌을 확실히 보여 주는 기록만을 단편적으로 남겼습니다.

이들 배후의 '은자 문화'는 '도가'의 먼 원류입니다. 그들은 동주東周의 핵심 지역에서 '왕관학'이 '제자학'諸子學으로 한창 변화하는 과정에 가담하지 않았습니다. 이 변화 과정의 주인공은 공자를 비롯한 '유가'입니다. 유가는 자신들의 사상이 어떻게 전파되고 퍼졌는지 비교적 상세하고도 명확한 기록을 남겼지만, 변방에서 일어나고 '은자 문화'를 배경으로 한 도가는 그러한 기록을 남기지 않아 그들의 명확한 역사 배경과 변화의 맥락을 찾을 수 없습니다.

도를 아는 것과 도를 행하는 것

노자는 세 가지만을 말한다

진秦나라 이전의 모든 저서 가운데 『노자』는 가장 권위적인 문투로 이루어져 있습니다. 표현 방식이 직접적이고 명확하여 논의의 여지가 없습니다. 『논어』와 비교하면, 묻고 답하는 대화는 없이 오직 답안만 제시되어 있을 뿐이지요. 또한 『노자』에는 그 이야기를 하게 되는 정황이 나타나 있지 않습니다. 이는 『노자』가 정황의 영향을 받지 않는 보편적인 기준을 제시함을 의미합니다. 더구나 『맹자』나 『장자』와 달리 『노자』에는 '논쟁'도 없습니다. 그래서 다른 입장, 다른 견해를 지닌 인물의 등장도 없고, 그러한 인물과의 열띤 의견 공방 같은 것도 나오지 않습니다.

『노자』에는 변론은 없고 설교만 있습니다. 이러한 글쓰기의 배후에는 가르침을 받아들이고 받아들이지 않고는 본인에게 맡긴다는 태도가 깔려 있지요. '나는 그대들에게 이러한 이치를 내놓으니 이를 믿고 믿지 않고는 그대들에게 달려 있을 뿐'이라는 식입니다. 이러한 글쓰기는 진秦나라 이전의 글에서는 매우 보기 드뭅니다.『순자』와『한비자』도『노자』처럼 설교식이지만 이들은 습관적으로 가상의 반대 의견을 설정해 두고 이를 논박하는 방식으로 서술되어 있습니다. 그래서『노자』와 같은 자신감이나 군림하는 느낌을 주지 않습니다.

『노자』의 또 다른 특색은 내용이 지극히 간단하다는 점입니다. 흔히『노자』를 가리키는 '『노자』 5천 언言' 또는 '『도덕경』 5천 언'이란 표현에서 알 수 있듯이 이 책은 전체가 약 5천 자에 불과합니다. 글자 수로만 따지면『장자』의 비교적 긴 장章 하나와 비슷한 분량입니다. 글자 수가 이렇게 적은 탓에『노자』는 독자에게 문구가 압축적이고 정보가 농축되어 있다는 인상을 갖게 합니다. 그리하여『노자』의 해설서들은 가능한 한 그 글의 뜻을 확장하여, 백 마디로『노자』의 한 마디를 설명해야 옳다고 여겨 왔습니다.

이는『노자』를 일종의 '요약문'으로 보는 관점입니다. 본래 10만 자, 또는 20만 자의 복잡한 내용이어야 했는데 5천 자로 압축되어 전해졌으니, 그 5천 자를 통해 10만~20만 자의 내용을 복원해야 한다는 생각이지요.

여기서 저는 『노자』가 문장은 간결하나 많은 내용을 담고 있는 '요약문'이라고 보는 관점에 대해 말하고 싶습니다. 이 관점을 아무런 의심도 검증도 없이 단순한 사실로 받아들여서는 안 됩니다. 만약 진지하게 검증을 한다면 『노자』에는 그런 관점을 받아들일 만한 내용이 없다는 것을 알 수 있을 것입니다.

『노자』는 정말로 그렇게 복잡하고 풍부한 도리를 말하고 있는 것일까요? 혹시 『노자』에는 많은 내용이 담겨 있을 것이라는 후세 사람들의 지레짐작으로 『노자』 본래의 의미를 훨씬 넘어서는 의미가 덧붙여진 것을 아닐까요? 『노자』는 처음부터 곁가지가 무성한 거목巨木의 축소판이 아니라 그저 한 그루의 바싹 마른 등나무는 아닐까요?

후대로 내려오면서 점점 더해진 현묘한 내용들을 털어 버리고 나면, 진정한 『노자』가 전하는 정보는 과연 무엇일까요? 그 정보는 얼마나 될까요? 그중에 단박에 의미를 알 수 있을 정도로 간단명료한 정보는 얼마나 되고, 구구절절 설명해야만 하는 복잡한 이론은 얼마나 될까요?

이 같은 의문을 내놓고 『노자』 검증의 필요를 언급하는 저의 주장에서 여러분은 이미 제가 하고 싶은 말을 예상하셨을 것입니다. 그렇습니다. 『노자』는 결코 현묘하지도 심원하지도 않습니다. 적어도 『장자』만큼 현묘하거나 심원하지 않습니다. 『노자』에서 보이는 도리 또한 그렇게 변화무쌍하지 않습니다. 심지어 『맹자』만큼도요.

사실 『노자』가 말하는 핵심 도리는 매우 직접적이고 간단하며 그 수도 얼마 안 됩니다. 81장 5천 자의 『노자』 전문은 직접적이고도 간단한 핵심 개념을 반복해 설명하고 있습니다. 만약 글자 수를 거기에 담긴 이치와 비교해 본다면, 말은 간결하나 뜻은 함축적이라는 말로 『노자』를 평할 수 없을지도 모릅니다. 5천 자 중에는 지루할 정도로 반복 설명되는 부분이 적지 않은 까닭입니다.

『노자』에서 알리고자 하는 첫 번째 내용은 만물에 앞서는 '도'道의 존재입니다. 『노자』에서 말하는 '도'는 모든 사물을 관할하고 통솔하는 주재자입니다. '도'가 이처럼 만물을 관할 통솔할 수 있는 이유는 그것이 어떤 개별 원리로부터 도출된 것도 아니고 무엇에 의해 지배당하지도 않기 때문입니다. 만일 '도'가 다른 원리로부터 귀납되고 무엇에 의해 지배된다면 그것은 또 다른 고차원의 원리에 통제되고 통솔되는 것이 되기 때문에 '도'는 만물을 관할하고 통제할 수 없습니다.

『노자』가 말하고자 하는 두 번째 내용은 '도'에 대한 이해입니다. 여기에는 한걸음 뒤로 물러나는 자세가 꼭 필요한데, 특히 분별이 생기기 전의 모습으로 물러서는 태도가 필요합니다. 분별이란 항상 상대적입니다. 무슨 말이냐 하면, 긺長은 짧음이 있음으로 해서 생기고, 높음은 낮음이 있음으로 해서 생기며, 선은 악이 있음으로 해서 생깁니다. 분별에 맞닥뜨리면 우리는 뒤로 한 걸음 물러서서 그러한 분별이 생기기 전의 '혼돈'으로 돌아가야 한다고 노자는 주장합니다. 일체의 이러한 분별이 생기기 전의 '대혼돈', 그것이 바로 '도'입니다.

분별을 없애고 '혼돈'을 인정한다는 점에서 『노자』는 『장자』와 매우 유사합니다. 그러나 『장자』는 내편內篇과 외편外篇부터 잡편雜篇에 이르기까지 시종일관 우리에게 '혼돈'의 시각으로 바라본 세계를 보여 주며, 이는 보통 사람들이 '분별'을 통해 바라본 세계와는 크게 다릅니다. 『장자』는 이 혼돈의 세계를 묘사함으로써 독자에게 세속의 시각을 버리고 '혼돈'으로 들어가 보라고 권합니다. 『노자』는 여기서 한 걸음 더 나아가, '혼돈'의 시각을 갖게 된 후 그것으로 속세에 어떻게 대응할 수 있는지 지도합니다.

그러므로 『노자』에서 말하고자 하는 세 번째 내용은 어떻게 하면 '도'에 따라 적확하고도 효과적으로 세상을 살아갈 수 있느냐 하는 점입니다. 『노자』의 이 내용은 '주'主, 즉 군왕, 또는 지배층을 상대로 하는 이야기입니다. 이미 권력을 쥔 사람에게 어떻게 권력을 운용할지, 그것을 바탕으로 어떻게 더욱 큰 권력을 누릴지, 차지한 권력을 어떻게 하면 잃지 않을지를 가르쳐 줍니다.

『노자』 5천 자는 기본적으로 이 세 가지 내용을 반복적으로 말하고 있습니다.

말로는 표현할 수 없는 궁극의 것

『노자』 제1장 서두는 이렇게 시작됩니다.

도라고 할 수 있는 도는 영원한 도가 아니며, 이름 붙일 수 있는 이름은 영원한 이름이 아니다.

道可道, 非常道. 名可名, 非常名.

이 문장은 『노자』의 기본 문형이 어떤지 우리에게 제대로 보여 주는데, 그것은 모순되는 듯하지만 그 속에 중요한 진리가 들어 있는 역설逆說의 문형입니다. 언뜻 보기에 상식과 논리에 어긋나는 것 같아도 자세히 들여다보면 상식적인 문리文理보다 훨씬 심오하고 고차원의 이치를 보여 주는 것이지요.

이렇게 특이한 패러독스를 이룰 수 있는 것은 무엇보다 중국어의 특수한 문법 성격 덕분으로, 중국어에서는 하나의 글자가 문장 맥락에 따라 각기 다른 품사가 됩니다. 이러한 패러독스는 춘추 시대에 시작되어 묵가墨家와 명가名家를 거치면서 언어와 문자, 변론 순서 및 역할에 대한 장기간의 토론을 통해 발전해 왔습니다. 우리는 묵가의 논변 방식인 묵변墨辯 없이, 혜시惠施나 공손룡公孫龍과 같은 명가名家 없이, 그보다 훨씬 앞서 『노자』에 이러한 문형이 나타났다고는 상상하기 어렵습니다.

"도라고 할 수 있는 도"의 원문 "道可道"(도가도) 중 앞의 '道'(도)는 명사로서 가장 근원적인 도리를 뜻하고, 뒤의 '道'(도)는 동사로서 그것을 말로 표현한다는 뜻입니다. 가장 근원적인 도리를 말로 표현한다면 그것은 이미 '상도'常道, 즉 영원불변하는 도리가 아니라는 말입니다.

'도'의 특성은 영원불변하는 것입니다. 우리가 '도'를 중요시하고 '도'에 대해 깊이 궁리하는 까닭은 어지럽게 변화하는 현상 속에서 만물의 변화를 관할하는 것이 '도'이고, 이 '도'

로써 이런 변화의 근본 도리를 설명할 수 있기 때문입니다. 그러므로 이 도리 자체는 현상의 흐름이나 변화에 따르지 않습니다. 이처럼 '변하지 않는'常 특성을 지닌 '도'道는 말로 표현할 수 있는 성질의 것이 아닙니다. 따라서 '도'를 설명하는 모든 말은 그 자체가 곧 변화하고 바뀌는 하나의 현상인 까닭에 '변하지 않는 도'가 될 수 없습니다.

　따라서 우리가 세상 만물에 부여한 이름으로는 그 사물을 진정으로 대신할 수 없습니다. 눈앞에 있는 어떤 사물을 '컵'이라 부르면, 그 사물을 '컵'으로 보는 동시에 그 사물이 가진 남다르고 복잡한 여러 성질을 감추고 없애게 됩니다. 재질과 색깔, 크기 등 다른 '컵'과 구별되는 그 사물의 독특한 면을 모두 무시하는 것이지요. 물론 우리는 그것을 '빨갛고 큰 컵'이나 '흰색 바탕에 빨간색 무늬가 있는 머그잔' 같은 이름으로 부를 수도 있지만, 어떻게 이름을 짓고 바꿔도 그 이름은 그 사물의 전체를 온전히 담아내거나 대신할 수 없습니다. 우리는 어떤 사물에 완벽하게 대응되는 '이름'을 찾을 수 없고, 바뀔 수도 바뀔 필요도 없는 절대적인 '이름', 즉 '변하지 않는 이름'常名을 붙여 줄 수 없습니다. 사물을 가리키는 그 어떤 '이름'도 '변하지 않는 이름'이 될 수 없습니다.

　이 점은 대단히 중요합니다. 대체 '도'란 무엇일까요? '도'

에 대한 끊임없는 탐색과 그에 대한 정의 내림을 거듭 부정한 후에야, 우리는 '도'가 언어로는 묘사할 수 없는 것임을 깨닫게 됩니다. 사물의 임시 이름에 얽매여 이름이 곧 사물 자체라고 생각해서는 안 됩니다. 그래야만 이름이라는 명사에 갇혀 사물 전체를 보지 못하는 일이 없게 됩니다.

이렇게 지적한 뒤 노자는 이렇게 말합니다.

무無는 천지의 시작이라 말하며, 유有는 만물의 어머니라 말한다.

無, 名天地之始. 有, 名萬物之母.

천지의 시작을 우리는 억지스럽게 '무'라 이름 짓고, 만물의 근원을 '유'라 이름 짓습니다. '무'와 '유'는 진정한 '변하지 않는 이름'이 아니라 이해하기 어려운 시간과 사물의 근원을 이야기하고 이해할 수 있도록 잠시 빌려 온 이름일 뿐입니다. 따라서 우리는 '유'와 '무'를 진실하고 구체적인 것이라 고집하며 '도'의 전개를 묘사해서는 안 됩니다.

천지가 시작되는 상태는 '무'이고, 만물이 생겨남으로써 '유'가 이루어집니다.

그러므로 항상 무에서 도의 오묘한 본체를 보아야 하며, 항상 유에서 도의 드러난 작용을 보아야 한다.

故常無, 欲以觀其妙. 常有, 欲以觀其徼.

이리하여 우리는 '무'의 상태로 들어가 사색함으로써 그 속에 감추어진 심오함과 오묘함을 이해할 수 있게 되며, '유'의 상태로 들어가 사색함으로써 겉으로 드러난 사물의 원칙을 알게 됩니다.

'오묘함'과 '드러남'의 차이는 무엇일까요? 하나는 어둡고 하나는 밝으며, 하나는 감추어져 있고 하나는 드러나 있으며, 하나는 본질이고 하나는 본질이 겉으로 드러난 현상입니다. 현상을 면밀히 관찰해야만 본질을 미루어 알 수 있고, 본질을 알아야만 현상의 질서를 제대로 파악할 수 있습니다. 진정한 '도'는 '무'와 '유'의 가운데, 또는 '무'와 '유'의 사이, 또는 '무'에서 '유'로의 변화 속에 있다고 말할 수 있습니다.

'무'와 '유'는 우리의 이해와 탐색을 위해 우리가 억지로 나눈 두 가지 상태일 뿐, 실질적으로 그 둘 사이에 어떠한 명확한 구분이 있는 것은 아닙니다. 그리하여 노자는 이렇게 말합니다.

이 둘은 같이 나왔지만 이름을 달리하는데, 같이 있다는 그것을 현묘하다고 한다. 현묘하고도 현묘하구나. 이것이 온갖 것이 들락거리는 문이다.

此兩者, 同出而異名, 同謂之玄, 玄之又玄, 衆妙之門.

본질과 현상, 이 둘은 사실 둘로 나눌 수 없는 것인데 우리의 사고와 이해를 돕기 위해 이처럼 각기 다른 시각에서 각기 다른 이름을 붙인 것입니다. 이 둘이 한데 섞여 있는 상태를 '현묘'라 일컫습니다. 다시 말해 '현묘'는 언어와 관념으로는 파악되지 않는 상태이며, 모든 신묘한 원리와 작용은 이 '현묘'에서 생겨난 것입니다.

패러독스로 강한 인상을 남기다

『노자』에서는 각 장 첫 구절이 가장 이해하기 어려운 글인 경우가 많습니다. 먼저 역설적인 문구로 독자의 호기심을 자극한 다음, 그 역설이 성립하는 이유를 설명하는 형식입니다.
제2장 역시 다음과 같은 역설로 시작됩니다.

천하 사람들 모두가 미美를 미로만 알고 있으나 거기에는 이미
추악이 있으며, 모두가 선善을 선으로만 알고 있으나 거기에는
이미 불선不善이 있다.

天下皆知美之爲美, 斯惡已. 皆知善之爲善, 斯不善已.

이것이 대체 무슨 말일까요?
우선 이어지는 문장을 계속 읽어 보지요.

그러므로 있고 없음은 서로를 생겨나게 하고, 어렵고 쉬움은 서
로를 이루어지게 하고, 길고 짧음은 서로를 형성되게 하고, 높
고 낮음은 서로를 기울게 하고, 음악과 소리는 서로를 어울리게
하고, 앞과 뒤는 서로를 따르게 한다.

故有無相生, 難易相成, 長短相形, 高下相傾, 音聲相和, 前後相
隨.

이 개념은 쉽게 이해가 갑니다. 유와 무는 상대적이고 어려움과 쉬움도 상대적이며, 높고 낮음, 앞과 뒤 역시 상대적입니다. '어려움'이 없으면 비교할 대상이 없으니 '쉬움'이 있을 수 없고, '높음'이 없으면 마찬가지로 비교 대상이 없으니 '낮음'이 있을 수 없습니다. '앞'과 '뒤' 역시 그렇습니다. 이러한 성질은 모두 비교를 통해 발생하는 것이기에 양자가 항상 쌍으로 존재하지요.

'소리'는 자연적이고 무질서한 음향이고 '음악'은 곡조와 질서가 있는 음향인데, 이 둘 또한 서로가 대응하여 이루어집니다. 음악이 없다면 우리는 무질서한 음향을 '소음'으로 생각하지 않을 것입니다. 그러므로 음악을 들을 수 있는 첫째 조건은 곡조와 질서가 있는 음향을 '소음'과 구별해 내는 것입니다.

여기서 제1장으로 다시 돌아가 봅시다. 제1장에서 말한 '유'와 '무' 역시 상대적인 개념입니다. '무'에 대립하여 '유'가 있고, '유'에 대립하여 '무'가 존재합니다. 따라서 우리는 '유' 또는 '무'를 단독으로 혹은 나눠서 얘기할 수 없습니다.

그렇다면 첫 구절의 의미가 명확해졌는지 모르겠습니다. 여러분은 미술관에 가 본 적이 있을 것입니다. 그곳은 건물 외형에서 벽면과 전시 작품에 이르기까지 하나같이 아름답습니다. 그런데 우리가 그것을 '아름답다'고 판단하고, 또 그것이 '아름답다'는 사실을 알 수 있는 이유는 그 바탕에 '추함'이라는 개념이 감추어져 있기 때문입니다. 다시 말해 '아름다움'과 '선'은 단독으로 존재할 수 없습니다. '이 사람은 예쁘다'느니 '요세미티 풍경은 아름답다'느니 '사회 풍속이 건전하다'는 등의 긍정적인 판단 뒤에는 예쁘지 않은 사람, 보기 싫은 풍경, 불건전한 사회라는 개념이 반드시 자리하고 있어야 합니다.

계속해서 노자는 말합니다.

이러한 까닭에 성인은 무위無爲의 일에 머물며, 무언無言의 가르침을 실행한다. 만물이 돌아가는 바를 간섭하지 않으며, 낳고도 소유하지 않으며, 베풀고도 기대하지 않으며, 공이 이루어져도 머무르지 않는다. 머무르지 않으니 떠날 것도 없다.

是以聖人處無爲之事, 行不言之教. 萬物作焉而不辭, 生而不有, 爲而不恃. 功成而弗居. 夫惟弗居, 是以不去.

『노자』가 말하는 '성인'聖人은 최고의 모범이 되는 자로, 『장자』의 '지인'至人 또는 '신인'神人과 비슷합니다. 이렇게 상대적 개념에서 이루어진 세계 속에서 살면서, '성인'은 상대적 개념 속으로 떨어지지 않고 될 수 있는 한 상대적인 판단을 내리지 않습니다. 그는 상대적 개념이 생기기 이전의 상태를 유지하여 현상 하나하나, 사물 하나하나를 사실 그대로 받아들이고 인정합니다. 이것과 저것을 비교하지 않고, 이것과 저것을 바꾸려 하지 않으며, 만물이 저절로 생겨나도록 내버려 둡니다.

'성인'은 분별하지 않고 저절로 그리되도록 내버려 두며 일부러 행동하지도 않고 가르치려고도 하지 않습니다. 또 어떠한 현상이나 사물을 선택하지도 배척하지도 않습니다. 어떤 '좋은 일'을 한다는 것은 '좋은 일'과 상반되는 '나쁨'이라는 기준을 만들어 내는 것이고, 어떤 긍정적인 이치를 말하는 것은 그와 대립하는 어떤 부정적인 기준을 만들어 내는 것이기 때문입니다. '성인'은 이러한 분별 속으로 떨어지지 않아, 만물이 스스로 자라나도록 놔두고, 일이 이루어지고 나서도 거기에 머무르지 않으며, 언제까지나 자연의 변화에 순응합니다. 멈추지 않고 끊임없이 변화하는 속에서 소유하지도 고집하지도 않으니 잃어버릴 것도 없습니다.

그 외에 비교적 통속적인 해석은 이렇습니다. '성인'은 무위자연으로 모든 것을 포용하고 완성하는 까닭에 오히려 아무런 공도 없어 보여 공도 지위도 차지하지 않습니다. 바로 그 때문에 '성인'의 지위는 도전받지 않고 잃을 일도 없게 됩니다.

백성의 마음을 고요하게 하라

‘성인’이 만물을 대하는 심오한 도리를 설명한 다음, 노자는 제3장에서 곧바로 세속의 차원으로 내려와 이러한 도리를 세상을 통치하는 데 어떻게 운용할지 이야기합니다.

현인을 받들지 않아야 백성을 다투지 않게 할 수 있고, 얻기 어려운 재화를 귀히 여기지 않아야 백성이 훔치지 않게 할 수 있으며, 욕심이 날 만한 것을 내보이지 않아야 백성의 마음을 어지럽지 않게 할 수 있다.

不尙賢, 使民不爭. 不貴難得之貨, 使民不爲盜. 不見可欲, 使民心不亂.

나라는 어떻게 다스려야 할까요? 첫째, 재능이라는 기준을 강조하지 않아야 합니다. 재능과 덕망을 갖춘 자를 중용하지 않으면 백성은 ‘현인’이 되어 중용되고자 애쓰지 않을 테니까요. 둘째, 특이하고 귀한 물건을 중요시하지 않으면 백성은 귀중한 재물을 차지하려고 도둑질이나 강도짓을 하지 않을 것입니다. 셋째, 인간 마음속의 욕망을 자극하지 않으면 백성은 지금의 상황에 만족하지 못하고 더 많은 것을 가지려고 애쓰지 않을 것입니다.

'현인 숭상'은 묵자와 묵가에서 특히 강조하는 개념입니다. 묵가에서는 과거 봉건 제도의 귀천貴賤 구분을 없애고 오직 사람의 능력과 덕행만을 보아, 능력 있고 덕행이 높으면 그를 중용하여 높은 관직과 권력을 주어야 한다고 주장하는 데 반해, 노자는 '현인 숭상'이 높은 관직과 권력 쟁취로 사람을 내몰아 결과적으로 분쟁만 일으킨다고 보고 있습니다.

마찬가지로 노자는 물건의 좋고 나쁨을 구별해서는 안 된다고 이야기합니다. 우리는 요즘 출시되는 휴대전화를 '스마트폰'smart phone(똑똑한 전화기)이라 부릅니다. 그런데 이로 인해 그동안 아무 탈 없이 잘 사용해 오던 휴대전화는 신종 휴대전화와 비교되어 '덤프 폰'dumb phone(또는 피처폰, 멍텅구리 전화기라는 뜻)로 불리게 되고 말았습니다. 이런 상황에서 어느 누가 '덤프 폰'을 '스마트폰'으로 바꾸고자 하는 욕망을 뿌리칠 수 있을까요? '얻기 어려운 재화를 귀하게 여기는 것'은 이 '얻기 어려운 재화'를 소유하라고 부추기는 것이나 다름없으므로, 도둑질과 강도질을 예방하는 가장 근본적인 방법은 도둑질과 강도질의 목적을 아예 없애는 것입니다. 다시 말해, 도둑질과 강도질도 불사

할 만큼 '얻기 어려운 재화'가 이 세상에 존재하지 않게 하는 것이지요.

"욕심이 날 만한 것을 내보이지 않는다"라는 문장에서 '내보이지 않는다'라는 말은 '드러내 보이지 않는다'는 뜻입니다. 통치술 측면에서 봤을 때 욕망을 불러일으킬 수 있는 물건을 보여 주지 않으면 사람들은 마음의 평정을 지킬 수 있고 기존의 질서도 유지될 수 있습니다. 먹음직스러운 프랑스 요리를 보여 주지 않으면 사람들은 자신이 매일같이 먹는 쌀밥에 만족할 것입니다.

> 이러한 까닭에 성인의 다스림은 마음은 비우게 하나 배는 채우게 하며, 뜻은 약하게 하나 뼈는 강하게 한다. 항상 백성을 무지무욕無知無欲하게 하면, 지혜롭다는 자들은 감히 일을 벌이지 못하고 행할 바가 없게 되어 다스려지지 않는 것이 없게 된다.

> 是以聖人之治, 虛其心, 實其腹, 弱其志, 強其骨, 常使民無知無欲, 使夫知者不敢爲也, 爲無爲, 則無不治.

여기서 우리는 노자가 말하는 '성인'에 장자의 '신인'이나 '지인'과는 다른 이중의 의미가 있음을 알게 됩니다. 즉 노자의

'성인'에는 지극히 높은 '도'의 지혜를 지니고 있다는 뜻 외에도, 이 '도'의 지혜로 백성을 통치하여 최대의 효과를 얻는다는 뜻도 함께 들어 있습니다.

'성인'은 어떻게 나라를 다스릴까요? 사람들의 배는 든든히 채워 주고 마음은 텅 비게 하며, 육체는 건강하게 하되 의지는 약하게 합니다. 사람들이 생각을 많이 하지 않아 현재에 늘 만족해한다면, 설령 지식인이 몇 있다 해도 어떠한 행동도 섣불리 할 수도 없고 할 방법도 없을 것이며, 또한 어떤 행위를 한다 해도 아무런 효과도 거두지 못할 것입니다. 그러면 아무런 문제 없이 모든 게 제대로 돌아가겠지요.

이 인용문의 마지막 부분 "使夫知者不敢爲也, 爲無爲, 則無不治"(사부지자불감위야, 위무위, 즉무불치)는 좀 달리 해석되기도 합니다. 즉 진정으로 지혜로운 자는 어떠한 인위적 행위도 사람들을 자극하고 혼란을 불러올 줄 잘 알고 있기에, 함부로 인위적인 조작을 가하지 않고 '무위'를 행하여 자연스러운 상태를 유지함으로써 다스려지지 못하는 일이 없게 한다는 식으로 말입니다.

커다란 도에는 사사로움이 없다

천지와 성인은 편애가 없다

『노자』는 『도덕경』이라고도 불리는데, 그 이유는 이 책의 내용이 '도경'道經과 '덕경'德經 두 부분으로 나뉘기 때문입니다. '도경'은 제1장에서 제37장까지로 제1장 첫 구인 "도가도"道可道에서 이름을 따왔고, '덕경'은 제38장에서 제81장까지로 제38장 첫 구인 "상덕부덕"上德不德에서 이름을 따왔습니다.

1973년 중국 창사長沙 마왕퇴馬王堆의 한나라 때 유물에서 비단에 적은 백서본帛書本 『노자』가 출토되었는데 이 책은 '덕경'이 앞에 있고 '도경'이 뒤에 있습니다. 그러니까 『도덕경』이 아니라 『덕도경』인 셈이지요. 이 책의 발견은 『노자』의 문장 배열 순서에 많은 논란을 불러일으켰습니다.

솔직히 저는 이 논란에 대해 잘 알지 못합니다. 하지만 제가 보기에 『노자』는 어떤 뚜렷한 구조나 순서가 없어 반드시 어떤 특정한 순서로 읽어야 하는 것 같지 않습니다. 물론 서로 연관되어 있음이 분명한 문장이 일부 있긴 합니다만, 그런 문장조차 서로 나눠 순서를 뒤바꿔도 『노자』의 기본 의미를 파악하는 데는 별다른 지장이 없습니다. 노자가 말하고자 하는 이치는 그렇게 암묵적이거나 난해하지 않아, 어떤 정해진 순서에 따라 접근해야만 이해할 수 있는 것이 아닌 까닭입니다.

제3장에서 '성인의 다스림'이라는 현실적인 측면을 이야기한 다음, 노자는 제4장에서 다시 '도'라는 추상적인 내용으로 돌아갑니다. 제4장은 성격상 제1장에 대한 보충 설명에 가깝습니다.

도는 비어 있으나 쓸 수 있으며 채워도 가득 차지 않는다. 도는 심원하여 만물의 근원인 것 같다.

道沖而用之或不盈, 淵兮似萬物之宗.

여기서 "비어 있다"라는 말은 가운데가 텅 비어 있다는 뜻입니다. 그러니 이 구절을 풀이해 보면, 도는 가운데가 비어 있는 그릇과 같지만 보통의 그릇과는 달리 그 안에 물건을 아무리 담아도 가득 차지 않는다는 것입니다. 깊이를 가늠할 수 없는 바다처럼 말이지요. 도는 만물을 수용할 수 있어 마치 만물이 모두 '도'에서 나온 것처럼 보이게 하기 때문입니다.

만물이 생겨난 곳에는 어떠한 특징이 있을까요?

날카로운 것은 무디게 하고 복잡하게 엉킨 것은 풀며, 눈부시게 빛나는 것은 부드럽게 하고 더러운 것과도 동화한다.

挫其銳, 解其紛, 和其光, 同其塵.

만물의 튀어나온 부분은 갈아서 평평하게 하고, 복잡한 구조는 풀어 헤치고, 서로 다른 색깔과 광채는 한데 뒤섞으며, 더럽고 부족한 곳은 하나로 통일시킵니다. 이렇게 만물을 거꾸로 거슬러 올라가는 상상을 통해 우리는 '도'가 무엇인지 유추할 수 있습니다.

맑아서 없는 듯하나 있다. 나는 그것이 누구의 자식인지 모르지만, 도는 하느님보다도 앞서서 있었다.

湛兮似或存, 吾不知誰之子, 象帝之先.

깊은 물처럼 움직임 없는 고요한 상태, 더 나아가 도대체 '유'인지 '무'인지를 판별할 수 없이 극도로 적요한 상태가 '도'에 가깝다고 노자는 말합니다. '도'는 만물이 생성되기 전부터 존재했기 때문에 그 어떤 것도 '도'보다 앞서 존재할 수 없고 '도'를 만들어 낼 수도 없습니다. '도'는 생겨난 바가 없고, 인류 최초의 조상인 '하느님'을 포함해 우리가 알 수 있고 또 상상할 수 있는 일체 만물은 모두 '도'에서 나왔으며 '도'보다 뒤에 존재합니다.

바꿔 말하면 '도'는 서양철학에서 말하는 '제1원인'과 비슷합니다. 결과에는 반드시 원인이 존재하므로, 현실 세계를 '결과'로 두면 이 결과의 '원인'을 한 단계 한 단계씩 되짚어 올라갈 수 있습니다. 예를 들어, 종이는 나무에서 나오고 나무는 씨앗에서 나오며, 씨앗은 그 전의 나무에서 나온 것이고, 그 나무는 햇빛과 흙과 물의 도움을 받은 씨앗이 싹을 틔워 생긴 것입니다……. 이렇게 계속해서 거슬러 올라가다가 다다르게 되는 종착점이 바로 '제1원인'입니다. '제1원인'이라 하면 더 이상 그 전으로 거슬러 올라갈 수 없다는 말이니, '제1원인'은 '원인 없는 결과'가 됩니다. 모든 인과 반응을 만들지만 자기 자신은 인과 법칙에 머물지 않아 그 발생 원인을 찾을 수 없습니다.

'도'의 작용은 제5장에서도 이어집니다.

천지는 어질지 않아 모든 것을 풀로 만든 강아지처럼 다룬다.
성인은 어질지 않아 백성을 풀로 만든 강아지처럼 다룬다.

天地不仁, 以萬物爲芻狗. 聖人不仁, 以百姓爲芻狗.

'도'는 스스로 그러한 것이라 어떤 사물을 특별히 아끼는
바 없이 만물을 '일시동인'一視同仁합니다. '일시동인'이라는 사
자성어에는 '인'仁에 대한 도가의 생각이 담겨 있습니다. 장자
와 노자가 말하는 '인'仁과 '애'愛에는 모두 '편애'偏愛라는 의미
가 있습니다. 통상적으로 '인'은 위에서 아래로의 편애를 뜻하
고, '애'는 평등한 관계에서 나타나는 편애를 뜻하지요. 그러니
'도'가 만물을 '일시동인'한다는 말은 '불인'不仁, 즉 어떤 편애
도 없이 만물을 똑같이 대한다는 뜻입니다. 햇빛이 대지를 골
고루 똑같이 비춰 주는 것과 마찬가지로 재난이 닥칠 때도 '도'
는 무언가를 특별히 사랑하는 일이 없기에 모든 만물이 예외
없이 자연의 희생물이 됩니다.

'성인'은 '도'에 따라 행동합니다. 그는 자연이 만물을 대

하는 방식을 모방하여 자신이 통치하는 백성을 아무런 편애 없이 똑같이 대합니다.

천지 사이는 탁약橐籥과 같은 것인가? 비어 있으나 그침이 없고, 움직일수록 거세어진다.

天地之間, 其猶橐籥乎? 虛而不屈, 動而愈出.

'탁약'橐籥은 불을 피울 때에 바람을 일으키는 풀무를 가리킵니다. 그런데 풀무의 발명이나 '탁약'이라는 명칭은 빨라야 전국 시대 중엽 이후에 생겼습니다. 따라서 자연을 '탁약'에 비유하는 이 문구는 『노자』가 비교적 늦게 출현했음을 보여 주는 중요한 증거입니다. 하늘과 땅 사이는 풀무처럼 텅 비어 있습니다. 그래서 그 자신은 소모되는 일이 없고 다 없어진다는 것은 더더욱 있을 수 없습니다. 한번 움직이기만 하면 바람은 그 사이에서 끊임없이 불어오고, 움직이면 움직일수록 바람은 더 거세집니다. 풀무가 그렇게 많은 바람을 만들어 낼 수 있는 이유는 무엇일까요? 그것은 안이 텅 비어 있기 때문입니다. 만일 안에 무언가가 들어차 있다면 그 무언가는 틀림없이 소모되어 언젠가는 고갈되고 말 것입니다.

말이 많으면 자주 막히니, 힘써 비워 둠만 못하다.

多言數窮, 不如守中.

이 장의 마지막 구절입니다. 백서본 『노자』에서는 이와는 좀 달리 "많이 들으면 자주 막히니, 힘써 비워 둠만 못하다"多聞數窮, 不若守中.라고 되어 있는데 의미는 똑같습니다. '성인' 역시 자연을 본받아 자신의 몸뚱이를 무언가로 채우려 하지 않습니다. 몸뚱이를 지식으로 채워 아는 것이 많으면 의견도 많아지는데, 그리되면 다 사용하여 없어지기 쉽습니다. 그러니 천지 사이가 텅 비어 있는 것처럼 자신의 몸뚱이를 텅 빈 상태로 남겨 두는 것입니다. 앞의 문장으로 해석하자면, 이 문장은 '말을 많이 하지 마라. 끊임없이 나오는 풀무의 바람과는 달리, 유형의 말은 하다 보면 다 써 없어지게 마련이니, 함부로 말을 하지 않는 것이 가장 좋다'라는 뜻이 됩니다.

최상의 선은 물과 같다 …

사사로움도 없고 다툼도 없지만 이득을 얻는다

제6장입니다.

골짜기의 넋은 죽지 않으니 이를 일컬어 알 수 없는 암컷이라
한다. 알 수 없는 암컷의 문을 일컬어 하늘과 땅의 뿌리라 한다.
근근이 존재하는 듯하지만 그 작용은 다함이 없다.

谷神不死, 是謂玄牝. 玄牝之門, 是謂天地根. 綿綿若存, 用之不
勤.

여기에는 매우 기발한 비유가 나옵니다. "알 수 없는 암컷
의 문"이 그것인데, 이것은 동물 암컷의 생식기를 가리킵니다.
노자는 포유동물은 모두 모친의 생식기에서 태어났음에 주목
합니다. 그런데 이 생식기는 자손이 태어나는 곳이기도 하지
만 수컷과의 성교가 이루어지는 곳이기도 합니다. 수컷의 성
기는 툭 튀어나와 있고, 암컷의 성기는 텅 비어 있으니, 텅 비
어 있는 공간이 바로 주요 부분입니다.

이 점에 착안하여 『노자』는 천지의 탄생 또한 천지의 모친의 생식기에서 생겨난 것이라고 생각했습니다. "알 수 없는 암컷"은 허구와 상상 속 천지의 모친이고, "알 수 없는 암컷의 문"은 바로 천지의 모친의 생식기입니다. 그것은 '유'有의 발원지임과 동시에 가장 원초적이고 절대적인 '무'無이자 '공'空이며, 그 기본 속성은 무언가를 소유하는 것이 아니라 무언가를 받아들일 수 있는 텅 빔입니다. 수많은 식물을 키우는 대지의 산골짜기가 그러하듯 말입니다.

"알 수 없는 암컷의 문"이 천지를 만들어 낼 수 있는 것은 그것이 "근근이 존재하는 듯"하기 때문입니다. 존재하는 것 같기도 하고 존재하지 않는 것 같기도 하는 까닭에 "근근이 존재하는 듯"하다고 한 것입니다. 그러나 이렇게 "근근이 존재하는 듯"한 것은 정말로 존재하는 것보다 더욱 오래가고 쓸모도 더 있으며 아무리 써도 없어지지 않습니다. 그리고 이러한 '공'과 '무', 수용受用이라는 기본 작용은 언제까지나 없어지지 않습니다.

제7장입니다.

하늘은 너르고 땅은 오래간다. 하늘과 땅이 너르고 또 오래갈 수 있는 것은 자신만 살려고 하지 않기 때문이다. 그러므로 오래 살 수 있는 것이다.

天長地久, 天地所以能長且久者, 以其不自生, 故能長生.

하늘과 땅, 대자연의 또 다른 특징은 그것이 부서지거나 소멸되지 않고 오래 지속된다는 것입니다. 하늘과 땅이 영원히 존재할 수 있는 것은 그것이 홀로 존재하지 않기 때문입니다. 하늘과 땅은 만물의 집합체인 까닭에 만물이 어떻게 생기고 사라지고 변화하든지 간에 소멸되거나 죽는 일 없이 언제까지나 그곳에 존재할 수 있습니다.

그러므로 성인은 그 자신을 뒤로하고서도 자신이 앞서고, 그 자신을 내버려 두고서도 자신이 보존된다. 이것은 사사로움이 없기 때문이 아니겠는가? 그러므로 오히려 그 사사로움을 이룰 수 있다.

是以聖人後其身而身先, 外其身而身存. 非以其無私耶, 故能成其私.

'성인'은 천지자연을 본받아 되도록 자신을 감추고 자신을 다른 사람의 집합체로 만듭니다. 자신을 뒤에 두면 둘수록 오히려 자신에게 유리해지고, 자신을 중시하지 않고 자신에게 치우치지 않으면 않을수록 오히려 자신을 더 잘 보존하게 됩니다. '성인'의 사심은 보통 사람들의 사심과는 완전히 다릅니다. 성인은 사사로움을 추구하지 않고 자신을 먼저 생각하는 일이 없습니다. 자신을 고려 대상의 맨 뒤, 맨 바깥에 두는데도 오히려 그것이 자신에게 가장 이로운 일이 됩니다.

이기적이지 않은 행위가 오히려 가장 이기적인 결과를 가져오고, 자신의 이득을 염두에 두지 않는 것이 오히려 가장 타산적이 된다는 말입니다. 이것은 모순되는 듯한 말이지만 그 속에는 중요한 진리가 담겨 있습니다.

제8장에서는 같은 이치를 '물'에 비유하여 설명하고 있습니다.

최고의 선은 물과 같다. 물은 만물을 아주 이롭게 하면서도 다투지 않고, 뭇 사람들이 싫어하는 곳에 머문다. 그러므로 도에 가깝다.

上善若水. 水善利萬物而不爭, 處衆人之所惡, 故幾於道.

자연계에서 가장 '도'에 가깝고 우리에게 '도'의 특성을 가장 잘 보여 주는 것은 바로 '물'입니다. 궁극의 '선'은 물과 같습니다. 물은 만물을 이롭게 하고 만물은 모두 물을 필요로 합니다. 그러나 물은 앞 장에서 말한 것처럼 "사사로움이 없어" 어떤 것도 필요로 하지 않고, 무언가를 얻기 위해 누구와 다투지도 않습니다. 인간은 낮은 곳, 낮은 자리에 머무는 것을 몹시 싫어하고 너도나도 위로 오르려고만 하는 데 반해, 물은 늘 아래를 향해 흐르고 낮은 곳, 낮은 자리에만 머뭅니다.

　　계속해서 『노자』는 말합니다.

　　머무름에 있어서는 땅을 잘 고르고, 마음은 고요한 연못을 최상으로 여기며, 선한 사람과 더불며, 말에서는 신뢰를 최상으로 여기고, 바르게 함에서는 다스리는 것을 최상으로 여기며, 일에서는 능력을 최상으로 여기고, 행동에서는 시의적절을 최상으로 여긴다. 오직 다투지 않으니 허물이 없다.

　　居善地, 心善淵, 與善仁, 言善信, 政善治, 事善能, 動善時. 夫唯不爭, 故無尤.

　　백서본 『노자』에서는 "선한 사람과 더불며, 말에서는 신뢰를 최상으로 여기고"與善仁, 言善信라는 문구가 "믿을 수 있는 사람과 더불고"與善信라고 되어 있는데, 이 대목을 백서본『노자』의 문구로 해석해 보면 다음과 같습니다. '물은 '최고의 선'을 상징하기 때문에 물을 세밀히 관찰해 보면 무엇이 '선'의 법칙인지 알 수 있다. '선'이 머무는 곳은 물처럼 낮은 곳을 향하고, 마음은 고여 있는 깊은 물처럼 고요하고 그윽하며, 다른 사람들과 함께할 때는 자기가 한 말에 책임을 지는 사람을 구하고, 정사政事를 처리할 때는 안정과 질서를 중시하며, 일반적인 일을 처리할 때는 재능을 중시하고 행동은 시기를 살핀다.' 이것들은 모두 "다투지 않는" 물의 특성과 잘 부합합니다. 사람, 정사政事, 일, 행동 모두에 있어서 '다툼'이 있어서는 안 됩니다. 억지로 애쓰거나 이루려 하지 않으면 잘못을 저지를 일도 남의 원망을 살 일도 없을 것입니다.

　제9장입니다.

　계속해서 채우는 것은 그만두느니만 못하며, 두드려 날을 세우면 오래 간직할 수 없다.

　持而盈之, 不若其已. 揣而銳之, 不可長保.

간직하고 모아서 흘러넘치는 것은 간직하지 않고 모으지 않는 것만 못하고, 날카롭게 간 칼날은 오래 유지될 수 없습니다. 늘어나는 것은 줄어드는 것만 못하고, 날카로운 것은 무딘 것만 못합니다. '채움'과 '날카로움'은 '다툼'을 불러오게 마련이고, '다툼'은 본래의 질서를 파괴합니다. 그 결과로 본래 가지고 있던 것마저도 그 '다툼' 속에서 잃게 됩니다. 반면 '다툼이 없다면' 자신이 간직하고 있는 가치를 아무 탈 없이 오래도록 간직할 수 있을 것입니다.

금과 옥이 집 안에 가득하면 결코 지키지 못하며, 돈과 명예가 있어도 교만하면 자연히 허물을 남기게 된다. 이루었을 때 물러나는 것이 하늘의 이치이다.

金玉滿堂, 莫之能守. 富貴而驕, 自遺其咎. 功成身退, 天之道.

따라서 귀중한 물건이 집 안 가득 쌓여 있다면 도둑이 그것을 훔쳐 가지 않을까 늘 불안할 것입니다. 남들이 눈독을 들이는 물건이 그렇게 많아서야 어떻게 그것을 온전히 간직하겠습니까?

자신이 가진 많은 재물과 높은 지위를 믿고 교만을 떨거나 그것을 남에게 과시하는 사람은 스스로 화를 불러들이는 사람입니다. 그러한 행위가 다른 사람들의 질투와 시기를 불러 그를 궁지로 내몰게 될 것이기 때문입니다. 참된 자연의 이치는 "금과 옥이 집안에 가득"한 것이나 "돈과 명예가 있는" 것과 정반대입니다. 그리고 공을 이루고 나면 그 성취에서 물러나 자리를 피하는 것이 해를 입지 않는 방법입니다.

물이 그러하듯, 남을 잘 대하고 남을 이롭게 하고, 또 그에 따르는 이득을 차지하려 남들과 다투지 않는다면, 아무도 나를 시기하지도 적대시하지도 않을 것이며, 또 내 것을 빼앗으려 하지도 않을 것입니다.

소유하지 않고 뽐내지 않고 간섭하지 않는다

다음 제10장에서는 지금까지와는 달리 문답 형식의 문장이 나옵니다. 문답형의 문장은 전국 시대의 옳고 그름을 따지는 변론문辯論文에서 자주 보이는데 『노자』에서는 아주 드물게 나타납니다. 제10장에서 한 번 보이기는 하지만 그것도 진정한 논변식의 문답이 아니라 수사학적인 질문입니다. 말하자면 형식적인 질문이라 대답할 필요가 없고 답안은 이미 그 질문 안에 들어 있습니다.

이 장에서는 연속으로 여섯 개의 질문을 제기하는데 이는 곧 여섯 개의 원칙을 강조하는 것이나 다름없습니다.

첫 번째 질문은 "혼백을 실어 하나로 합일하여 떨어지지 않게 할 수 있는가?"載營魄抱一, 能無離乎?입니다.

인간은 혼魂과 백魄을 가지고 있는데 이것들이 하나로 합쳐져 분리되지 않게 할 수 있을까요? 당시 사람들은 인간은 '기운'이자 '양'陽의 성질인 '혼'('영'營이라고도 합니다)과 '형체'이자 '음'陰의 성질인 '백'을 가지고 있어, 이 둘이 한데 합쳐져야만 사람이 될 수 있고, 이들 음과 양이 합치되지 않고 혼과 백이 분리된다면 인간은 더 이상 인간으로 살아갈 수 없다고 믿었습니다. 그러므로 노자는 이런 표현 방식으로 인간이 살아가려면 반드시 떨어지는 일 없이 한데 합쳐져야 한다고 강조했던 것입니다.

두 번째 질문은 "정기를 모으고 몸을 부드럽게 하여 갓난아이처럼 될 수 있는가?"專氣致柔, 能嬰兒乎?입니다.

이 질문은 앞의 문구와 연관됩니다. 혼과 백이 합쳐져 형상을 띠게 된 처음, 인간은 매우 부드럽고 유약한 상태였습니다. 우리는 정기를 집중시켜 갓난아이 때처럼 그렇게 부드럽고 유약한 상태로 돌아갈 수 있을까요? 음과 양이 합쳐져 만들어진 것은 군세고 강한 것이 아니라 부드럽고 유약한 것이었습니다. 따라서 노자는 우리가 그렇게 원초적이고 순결한 상태로 되돌아가기 위해 끊임없이 노력해야 한다고 말합니다.

세 번째 질문은 "마음이라는 거울을 깨끗이 씻고 닦아 흠이 없게 할 수 있는가?"滌除玄覽, 能無疵乎?입니다.

우리는 자연의 존재 유무有無를 비추는 거울을 한 점의 더러움도 없이 깨끗이 닦아 낼 수 있을까요? 제1장에서 우리는 '현'玄이 '유+무', 혹은 자연 자체를 말한다는 사실을 보았습니다. '覽'(람)은 거울입니다. 그러므로 이 문구는 앞 구에 이어서, 인간은 나중에 생겨난 "부드럽지" 않은 부분을 제거하고 최초의 순결한 상태로 돌아가 자연을 충실하게 비추고 이해할 수 있어야 함을 말하고 있습니다. 다시 말해 '유'와 '무'의 구분조차 아직 형성되지 않은 상태로 돌아가야 한다는 말입니다. 이 말은 자연을 있는 그대로 비추는 것이 얼마나 어려운 일인지를, 그리고 인간은 태어난 후부터 서서히 "정기를 모으고 몸을 부드럽게 하는" 어린애의 상태를 잃어버리는 동시에 '흠'이 생기기 시작하므로 꼼꼼히 이 흠들을 씻고 닦아야 함을 일깨워주고 있습니다.

네 번째 질문은 "백성을 사랑하고 나라를 다스리는 데에 지혜 없이 할 수 있는가?"愛民治國, 能無知乎?입니다.

지혜를 배제하고서 백성을 사랑하고 나라를 다스릴 수 있을까요? 당연히 가능하다고 노자는 말합니다. 지혜를 배제하여 자신을 아무런 흠결도 없는 '현묘한 거울'玄覽로 만들어, 치우치거나 편중 없이 자연의 규율을 반영하는 것이야말로 백성을 사랑하고 나라를 다스리는 가장 좋은 방법이라고 노자는 말합니다. 어떠한 지혜도 자연 규율에 비할 바가 안 되며, 모든 지혜는 그저 자연의 규율을 파괴할 뿐이라는 겁니다.

다섯 번째 질문은 "하늘의 문을 열고 닫기를 암컷처럼 할 수 있는가?"天門開闔, 能爲雌乎?입니다.

천지자연의 열림과 닫힘, 탄생과 소멸은 반드시 '암컷'에 의지해야만 이루어질 수 있습니다. 이 문구는 제6장에서 말한 "알 수 없는 암컷의 문을 일컬어 하늘과 땅의 뿌리라 한다"라는 문구에 호응하여, 천지자연이 모두 초월적인 모친의 그 텅 빈 음부로부터 나왔다고 말합니다. 따라서 궁극의 규칙이 운행되려면 반드시 '무'가 존재해야 하며, '유'의 규칙은 '유'를 관찰하고 정리하는 것으로는 이해할 수 없고 반드시 '무'에 대한 관찰을 통해서만 이해할 수 있습니다. 또 암컷과 수컷 사이에는 능동적이고 피동적이라는 차이가 존재하는데, 『노자』는 수컷처럼 앞으로 치달으려고만 해서는 안 되고 암컷처럼 피동적인 입장을 견지할 것을 주장합니다. 또한 열 줄만 알았지 닫을 줄 모르는 것은 자연의 도리가 아니며, 끊임없이 열리고 닫혀야만 천지자연이 고갈되는 일 없이 영원할 수 있다고 말합니다. 풀무가 끊임없이 바람을 뿜어내듯 말이지요.

여섯 번째 질문은 "사방에 통달함에 무위를 행할 수 있는가?"明白四達, 能無知乎?입니다.

일을 처리하고 세상을 다스리려면 일체를 꿰뚫어보고 그 영향력이 미치지 못하는 곳이 없어야 하는데 그러기 위해서는 반드시 '무위'無爲(자연에 따라 행하고 인위를 가하지 않음)를 행해야 합니다. '무위'를 행할 수 있어야만 비로소 '무불위'無不爲(행하지 못하는 바가 없음) 할 수 있게 됩니다. '유위'有爲는 '치우침'과 시야의 왜곡을 초래하며, 한쪽에 치중하면 다른 한쪽은 자연 소홀하게 되니, 이는 진정한 '이해'가 아니지요. '치우침'은 사람에게 방향성을 지니게 하여 이쪽으로 향하면 저쪽에서는 멀어지는 것이므로, 이리되면 "사방에 통달"할 수 없게 됩니다. 따라서 '무위'를 행할 수 있어야만 정중앙에 머무르면서 모든 것을 바라볼 수 있고 어느 곳에나 도달할 수 있게 됩니다.

여섯 가지 원칙을 다 얘기한 뒤 노자는 이 여섯 가지 원칙이 반영하는 '현묘한 덕'玄德의 또 다른 속성을 총괄하여 이렇게 말합니다.

(만물을) 낳아 주고 길러 주나, 낳고도 소유하지 않으며, 이루고도 뽐내지 않으며, 길러 주고도 간섭하지 않으니, 이를 일컬어 현묘한 덕이라 한다.

生之, 畜之, 生而不有, 爲而不恃, 長而不宰, 是謂玄德.

'유'와 '무'를 포괄하고 있는 '도'를 총괄해 보면, '도'의 기본 성질(즉 '현덕')은 만물을 낳아 주고 길러 주는 것인데, 만물을 낳고도 소유하려 하지 않고, 이루고도 뽐내지 않고, 길러 주고도 통제하려 하지 않으며, 세상 어떤 것도 자기 소유로 여기거나 손에 쥐고 놓아 주려 하지 않는 경우가 없습니다.

**완전한 버림이나 완전한 없음이 아니라,
있음과 없음이 서로 조화되어 취함도 있고 버림도 있다**

제11장은 비유만 달리할 뿐 계속해서 '무'와 '공'의 작용을 설명합니다.

서른 자루의 바퀴살은 모두 하나의 바퀴통으로 향하지만 바퀴통의 빈 공간 때문에 수레의 쓰임이 있으며, 흙을 빚어서 그릇을 만들지만 그릇 안의 빈 공간 때문에 그릇의 쓰임이 있으며, 벽을 뚫어 문과 창을 내어서 방을 만들지만 방의 빈 공간 때문에 방의 쓰임이 있다.

三十輻共一轂, 當其無, 有車之用. 埏埴以爲器, 當其無, 有器之用. 鑿戶牖以爲室, 當其無, 有室之用.

여기서는 연속으로 세 가지 예를 듭니다. 첫 번째 예는 수레바퀴입니다. 바퀴는 똑같은 길이의 막대기 서른 자루를 바퀴 중간의 바퀴통에 끼워 만드는데, 바퀴통이 아무것도 없는 텅 빈 공간인 까닭에 바퀴는 바퀴가 될 수 있고 바퀴로서의 기능을 다 할 수 있게 됩니다. 두 번째 예는 그릇입니다. 진흙으로 그릇을 빚을 때 그릇의 중앙은 반드시 비어야 합니다. 이 빈 공간이 있어야만 그릇으로서의 역할을 할 수 있으니까요. 세 번째 예는 집입니다. 창과 문을 내어 집을 지을 때는 반드시 집 안에 텅 빈 공간을 두어야 그 건축물이 집으로서의 역할을 다 할 수 있게 됩니다.

그러므로 있음이 이로움이 되는 것은 없음이 쓰임이 되기 때문이다.

故有之以爲利, 無之以爲用.

'유'와 '무'의 조화는 '바퀴살', '진흙', '문', '창'과 같은 유형의 사물이 바퀴, 그릇, 집을 가치 있는 것으로 만들게 합니다. 그러나 그에 앞서 이것들에 '무'라는 공간이 있어야만 수레바퀴나 그릇, 집에 쓰임이 생기게 됩니다.

제12장입니다.

화려한 색깔이 사람의 눈을 멀게 하고, 현란한 음악이 사람의 귀를 먹게 하며, 맛있는 음식이 사람의 입맛을 잃게 한다.

五色令人目盲, 五音令人耳聾, 五味令人口爽.

형형색색의 색깔은 오히려 형체를 분별하는 인간의 능력을 잃어버리게 하고, 복잡하고 잡다한 음악은 소리를 판별하는 인간의 능력을 상실케 하며, 여러 가지 푸짐하고 달콤한 음식은 인간의 입맛이 정상적으로 작동하는 것을 방해합니다.

말을 달리며 사냥하는 일이 사람의 마음을 미치게 하고, 얻기 어려운 재화가 사람의 행동을 어지럽힌다.

馳騁田獵令人心發狂, 難得之貨令人行妨.

말을 몰고 이리저리 뛰어다니며 사냥하면 사람의 마음은 불안정하고 포악하게 변하고, 귀하고 드문 물건을 보면 사람의 행동은 떳떳하지 못하게 되고 왜곡됩니다.

이러한 까닭에 성인은 배를 위하지 눈을 위하지 않는다. 그러므로 저것을 버리고 이것을 취한다.

是以聖人爲腹不爲目, 故去彼取此.

그러므로 성인은 나라를 다스릴 때 백성들의 배가 부른지 아닌지를 중시하지 눈, 귀, 코, 혀, 피부와 같은 감각 기관의 즐거움을 강조하지 않습니다. 어느 것을 버리고 어느 것을 택할 것인지의 기준도 바로 여기에 있습니다.

제13장입니다.

총애를 받으나 모욕을 받으나 다 같이 놀란 듯이 하라. 큰 걱정을 귀하게 여기기를 내 몸과 같이 하라.

寵辱若驚, 貴大患若身.

제13장의 이 첫 문장은 이 장의 핵심입니다. 장 전체는 모두 이 문구에 대한 보충 설명이지요.

총애를 받으나 모욕을 받으나 다 같이 놀란 듯이 하라는 말은 무슨 뜻인가? 총애는 하등下等의 것이니 그것을 얻어도 놀란 것처럼 하는 것이요, 그것을 잃어도 놀란 것처럼 하는 것이다. 이를 일컬어 총애를 받으나 모욕을 받으나 모두 놀란 듯이 하라고 하는 것이다.

何謂寵辱若驚? 寵爲下, 得之若驚, 失之若驚, 是謂寵辱若驚.

어떻게 하는 것이 "총애를 받으나 모욕을 받으나 다 같이 놀란 듯이" 하는 것일까요? 일반적으로 우리는 '총애'와 '모욕'

을 반대되는 것이라 여겨 '총애'와 '모욕'에 대해서 서로 상반된 반응을 보입니다. '총애'를 얻으면 기뻐하고 '모욕'을 당하면 깜짝 놀랍니다. 그러나 노자는 '총애'와 '모욕'은 사실 같은 것이라고 말합니다. 우리의 평상심과 평정심을 잃게 하고 우리의 감각 기관을 자극한다는 점에서 그렇다는 것이지요. 따라서 '총애'를 받든 '모욕'을 당하든 똑같은 반응을 보여야 한다는 것입니다.

'총애'는 좋은 일이 아니니 총애를 받는 것은 기뻐할 일이 못됩니다. 오히려 '모욕'을 받았을 때와 똑같이 경악과 경계의 마음으로 대해야 합니다. 총애를 받음은 머지않아 총애를 잃어버림을 뜻하니 총애를 받으면 정신을 차리고 경계심을 높여야 할 것입니다. 총애를 잃었을 때도 마찬가지입니다. 이것이 "총애를 받으나 모욕을 받으나 다 같이 놀란 듯이 하라"는 말의 의미입니다.

노자는 '상常'을 중시합니다. 이는 오래도록 변치 않는 안온하고 균형 잡힌 상태를 뜻합니다. 이러한 시각에서 보자면, '총애'와 '모욕'은 사람으로 하여금 이러한 '상'에서 멀어지게 한다는 점에서 본질적으로 아무런 차이가 없습니다. 그러므로 우리는 총애를 받거나 모욕을 당하거나 모두 경계심으로 이것들을 대하여, 이로부터 영향을 받지 않고 평정심과 평상심을 유지하도록 노력해야 할 것입니다.

큰 걱정을 귀하게 여기기를 내 몸과 같이 하란 말은 무엇을 말하는 것인가? 나에게 큰 걱정이 있는 까닭은 내가 몸을 가지고 있기 때문이다. 내가 몸을 가지고 있지 않다면 나에게 무슨 걱정이 생길 수 있겠는가?

何謂貴大患若身? 吾所以有大患者, 爲吾有身, 及吾無身, 吾有何患?

어떻게 하는 것이 "큰 걱정을 귀하게 여기기를 내 몸과 같이" 하는 것일까요? 이 말은 우리가 우리 몸을 어떻게 대하는지 되돌아보게 만듭니다. 생각해 보면 우리는 우리 자신을 아주 신중하고도 조심스럽게 대합니다. 자신이 이해관계에 있을 때는 특히 더 그렇지요.

삶의 가장 큰 문제는 우리에게 자아와 사리사욕이 있고, 신체의 감각 기관이 각종 자극을 받는 까닭에 정신적으로 평정심과 평상심을 유지할 수 없다는 데 있습니다. 우리는 다음과 같은 태도로 자아와 자기 몸을 대해야 합니다. 즉 단순히 자기중심적이거나 자아확장의 생각을 갖지 않는 데 그치지 않고 가능한 한 자아를 제거하고 자신의 몸에 대한 배려와 관심과 우려를 내던지는 것입니다. 자아와 자기 몸을 버릴 수만 있다면, '걱정거리'는 사라지고 이해득실을 염려할 필요가 없어질 것이며 근심과 공포에서 벗어나는 자유를 얻게 될 것입니다.

그러므로 자기 몸을 천하만큼이나 귀하게 여긴다면 천하를 줄 수 있고, 자신의 몸을 천하만큼이나 아낀다면 천하를 맡길 수 있다.

故貴以身爲天下, 若可寄天下. 愛以身爲天下, 若可託天下.

노자는 장자에 비하면 현실주의자입니다. 그는 인간은 장자가 상상한 것처럼 육신과 형체를 벗어던지고 바람을 타고 하늘을 날며 먹지도 마시지도 않으며, 어떤 신비로운 공간에서 살 수 있는 존재라고는 생각하지 않았습니다. 인간이란 육신이 없을 수 없기 때문에 우리는 우리 몸을 천하만큼이나 소중히 여길 수 있고 그래야 한다고 노자는 말합니다.

자신의 욕망과 좋고 싫음의 감정에서 개인적인 성분을 모조리 없애 천하 사람들과 하나가 되면 '자기 몸'은 곧 '천하 몸'이 됩니다. 그리되면 '자기 몸'은 더 이상 개인의 욕망과 좋고

싫음을 실현하는 곳이 아니라, 천하의 보편적인 욕망과 천하의
보편적인 좋고 싫음을 반영하고 맡기는 장소가 될 것입니다.

고난과 난세 속에서 탄생한 철학

옛 도인은 느릿한 움직임으로 편안을 얻었다

제14장입니다.

보려 해도 보이지 않는 것을 일러 '이'夷라 하고, 들으려 해도 들리지 않는 것을 일러 '희'希라 하며, 만지려 해도 만져지지 않는 것을 일러 '미'微라 한다. '이', '희', '미' 이 셋은 따져 물을 수 없으니, 본래 섞여서 하나가 되어 있었기 때문이다.

視之不見名曰夷, 聽之不聞名曰希, 搏之不得名曰微, 此三者不可致詰, 故混而爲一.

『노자』의 문장 수사에서 또 다른 습관은 '일러'名曰, '이를 일러'名之曰, '이를 일컬어'是謂 등의 표현으로 그의 논점을 이끌어 낸다는 점입니다. 정의를 내림으로써 권위를 돋보이게 하는 것이지요. 이 단락에서의 '이', '희', '미'는 사실상 모두 수사의 필요에 의해 나열한 것이라, 이들 세 명사를 무시하고 건너뛰어도 우리가 문장의 뜻을 파악하는 데는 아무런 문제가 없습니다.

이 인용문은 '도'를 묘사합니다. 여기에 물건이 하나 있다고 가정해 봅시다. 이 물건은 보이지도 들리지도 만져지지도 않습니다. 아무리 기를 쓰고 보려 하고 들으려 하고 만지려 해도 가능하지 않습니다. 그 물건은 우리의 감각기관 너머에, 우리의 감각기관에 앞서 존재하기 때문에 우리는 그것을 눈으로 봐야 하는 건지, 귀로 들어야 하는 건지, 아니면 손으로 만져봐야 하는 건지조차 알 수 없습니다. 우리는 그저 그것을 뭉뚱그려 '도'라고 간주할 수 있을 뿐입니다.

그 위는 밝지 아니하고, 그 아래는 어둡지 아니하다. 끝없이 이어지는데 무엇이라 이름 붙일 수 없다. 다시 물체 없는 데로 돌아가니 이를 일컬어 모습 없는 모습이라 한다.

其上不皦, 其下不昧. 繩繩不可名, 復歸於無物, 是謂無狀之狀.

'도'는 일반적인 사물과는 달리 위와 아래, 왼쪽과 오른쪽의 구분이 없고, 빛의 들고 들지 않음에 따른 밝음과 어둠의 구분이 없습니다. 다시 말해 음양의 구분이 없는 한 몸입니다. 있는 것 같기도 하고 없는 것 같기도 한데 끊어질 듯 이어져 종국에는 '무'로 회귀하니, 우리는 '도'를 그저 '모습 없는 모습'이라 묘사하는 도리밖에 없습니다.

물체 없는 형상을 일컬어 황홀이라 한다. 그것을 앞에서 맞이해도 그 머리를 볼 수 없고, 그것을 뒤에서 따라가도 그 뒷모습을 볼 수 없다.

無物之象, 是謂惚恍. 迎之不見其首, 隨之不見其後.

발생한 어떤 현상을 탐색해 들어가도 그 이면에 존재하는 사물을 찾아낼 수 없기에 이것을 '황홀'恍惚이라 일컫습니다. 이 '황홀'은 정상적으로 예측할 수 있는 상태를 벗어나 있기에, 그것이 온 방향을 추적해 봐도 그 머리를 찾을 수 없고, 그것이 간 방향을 뒤쫓아 봐도 그 뒷모습을 찾을 수 없습니다.

옛날의 도에 근거하여 오늘의 현실을 다스리고 옛날의 시작을 알 수 있으니 이를 일컬어 도의 규율이라 한다.

執古之道, 以御今之有, 能知古始, 是謂道紀.

'도'의 강령과 기강을 파악하려면 우리는 시간의 영향을 받지 않는, 맨 처음부터 존재하여 현재까지 줄곧 만물을 관할하고 운행하는 원칙을 찾아내야 합니다. 그런데 형체가 있는 것은 시간과 시대의 흐름에 따라 변할 수밖에 없습니다. 오직 '유'와 '무'의 사이에 존재하고 있어 보이지도 않고 들리지도 않고 만져지지도 않는 "모습 없는 모습", "물체 없는 형상"이어야만 시간의 흐름을 뛰어넘어 언제까지나 소멸되지 않을 수 있습니다.

다음 제15장은 "옛날의 도에 근거하여 오늘의 현실을 다스리는" 방법을 이야기합니다.

옛날에 도를 잘 행했던 자는 미묘하고 현묘하게 통달하여 그 깊이를 알 수 없었다. 도저히 알 수 없기 때문에 억지로 그 경지를 다음과 같이 형용할 뿐이다.

古之善爲士者, 微妙玄通, 深不可識. 夫唯不可識, 故强爲之容.

옛날에 도를 잘 행했던 사람은 오늘날의 위정자들이 본받아야 할 본보기가 되는데, 그는 '유'와 '무'를 관통하는 이치에 통달했지만 그 이치는 겉으로 드러나지 않고 깊숙이 감추어져 있어서 식별하기 쉽지 않습니다. 따라서 다음과 같이 그 모습을 묘사하는 수밖에 없습니다.

주나라 봉건 제도에서 '사'士는 귀족으로, 그들의 몸에 배인 수많은 예의범절은 그들이 일반 백성과 분명히 구별되는 점이었습니다. 그래서 노자는 "옛날에 도를 잘 행했던 사람"이라는 상반되는 특성을 일부러 설정한 것입니다. '도를 잘 행했던 사람'은 겉보기에 다른 사람들과 별 다를 바 없습니다. 그들이 다른 사람과 다른 점은 외모가 아니라 내면에 있으며, 그들의 심오한 특성은 의복이나 행동에서 일반인과 뚜렷한 차이를 보였던 당시의 '사'와는 달리, 겉보기에 일반인과 아무런 차이가 없어 식별하기 어렵습니다.

(이러한 사람은) 머뭇거리기는 얼음판을 걷는 듯하며, 주저하기는 마치 사방을 두려워하는 듯하며, 엄숙하기는 초대받은 손

님 같으며, 풀어지기는 봄날 얼음이 녹는 듯하다.

豫兮若冬涉川, 猶兮若畏四鄰, 儼兮其若客, 渙兮若冰之將釋.

도를 잘 실천하는 사람은 신중하기가 겨울철에 큰 강 건너듯하고, 조심하고 신중하기는 위협 세력에 둘러싸인 듯하며, 단정하고 진중하기는 다른 사람 집에 초대된 손님인 듯하며, 다른 사람의 경계심과 불안을 풀어 주기는 봄날 눈 녹듯합니다.

돈후하기는 통나무와 같고, 트여 있기는 계곡과 같고, 섞여 있기는 탁류濁流와 같다.

敦兮其若樸, 曠兮其若谷, 混兮其若濁.

이는 돈후하기는 아직 가공되지 않은 통나무와 같고, 너그럽고 포용력 있기는 깊은 계곡과 같으며, 섞여 있기는 흐린 물과 같다는 것입니다.

누가 혼탁한 것을 맑힐 수 있는가? 그것을 고요하게 두면 서서히 맑아진다. 누가 편안을 오래 간직할 수 있는가? 움직임을 서서히 하면 편안이 생겨난다. 이 도를 지닌 자는 가득 채우려고 하지 않는다. 오직 가득 채우지 않기 때문에 옛것을 유지할 수 있고 새것이 생기지 않게 할 수 있다.

孰能濁以清? 靜之徐清. 孰能安以久? 動之徐生. 保此道者不欲盈, 夫唯不盈, 故能蔽不新成.

이 단락의 핵심은 '고요'靜와 '느림'徐에 있습니다. 혼탁한 물을 어떻게 맑게 할 수 있습니까? 노자가 살던 시대에는 혼탁한 물을 신속히 맑게 하는 방법은 없었습니다. 혼탁한 물을 휘젓지 않고 가만히 오래 놓아두는 것이 유일한 방법이었습니다. 그러면 물속의 이물질이 바닥에 가라앉아 물이 맑아지는 것이지요. 같은 이치로, 움직일 때도 마치 움직이지 않는 것처럼 서서히 움직여야 편안을 오래 간직할 수 있습니다.

앞에서 노자는 "옛날에 도를 잘 행했던 사람"의 특성으로 "머뭇거림"豫, "주저"猶, "엄숙함"儼, "풀어짐"渙 등을 거론했는데, 이 특성들 역시 즉각적인 효과를 거두려는 갑작스러운 움직임이 아니라 고요하고 느리다는 의미를 담고 있습니다.

노자의 철학은 급작스러움과 빠름을 거부합니다. 급작스

러움과 빠름은 편안하지도 않고 오래 지속될 수도 없습니다. '고요'와 '느림'의 원칙을 지킨다면 지나치거나 분에 넘치는 행동을 하지 않고 모든 일을 자신의 통제선 안에 두고 제어할 수 있게 됩니다. 그리하면 이전부터 가지고 있던 모습과 규율을 계속 유지할 수 있게 되어 새로운 것이 생길 일이 없고, 새로운 것이 생기지 않으니 오래도록 편안해집니다.

백성을 내버려 두라

『노자』는 앞서 다룬 열다섯 개의 장에서 모든 개념과 주장은 전부 제시하고, 풍격이나 표현 방식도 충분히 드러냅니다. 이다음 장부터는 대부분 여러 가지 수사修辭를 사용하여 만져 볼 수도 없고 정의 내릴 수도 없는 '도'의 성격을 강조하며, 또 '고요'靜, '느림'徐, '편안'安, '물러남'退, '채우지 않음'不盈, '자연에 따라 행함'無爲의 행위 원칙을 다양한 각도에서 상세히 설명합니다.

그중에서 자세히 읽어 봐야 할 장은 전쟁에 대한 노자의 견해가 직접적이고도 강렬하게 표현된 제31장입니다.

대체로 뛰어난 병기란 상서롭지 못한 기물이다. 만물이 모두 그 것을 싫어하기 때문에 도를 지닌 사람은 그것을 쓰지 않는다.

夫佳兵者, 不祥之器, 物或惡之, 故有道者不處.

뛰어난 병기는 모두 상서롭지 못한 물건들입니다. 여기서 의 "뛰어남"과 "상서롭지 못함"은 뚜렷하게 대비됩니다. 병기 가 뛰어날 수 있는 이유는 그것이 상서롭지 못한 요인이기도 합니다. 병기의 상서롭지 못함은 병기의 뛰어남에서 온 것이 고, 병기가 뛰어나면 뛰어날수록 그 병기는 더욱더 상서롭지 못한 것이 됩니다. 병기는 파괴적이고 폭력적이고, 그것이 상 서롭지 못한 까닭은 대상에 위협을 가하고 대상을 해치기 때 문입니다. 그래서 "도를 지닌 사람"은 병기와 함께 있으려 하 지 않습니다.

군자는 일상에서는 왼쪽을 귀하게 여기나, 병기를 쓸 때는 오른 쪽을 귀하게 여긴다. 병기는 상서롭지 않은 기물이기 때문에 군 자가 쓸 기물이 아니다. 부득이 이것을 쓸 때에는 담백한 마음 으로 쓰는 것이 최선이다.

君子居則貴左, 用兵則貴右. 兵者不祥之器, 非君子之器, 不得已
而用之, 恬淡爲上.

군자는 평상시 생활할 때는 왼쪽을 존귀하게 여기지만,
병기를 들고 싸워야 할 경우에는 오른쪽을 존귀하게 여긴다고
합니다. 이 사실은 군자와 병기가 서로 대립되는 위치에 있음
을 분명히 보여 줍니다. 다시 말해 병기는 "군자의 기물"이 아
니라 "상서롭지 못한 기물"입니다.

주나라 예절에서는 살아 있는 사람과 관련된 것은 왼쪽이
오른쪽보다 높고 중요하며, 상례喪禮와 제례祭禮 같은 죽은 사
람과 관련된 것은 오른쪽이 왼쪽보다 높고 중요하다고 여겼습
니다. 이는 삶과 죽음의 영역을 구분하는 주나라 사람들의 원
칙이었습니다. 전쟁이 '삶'이 아닌 '죽음'에 속하는 것임을 노
자는 분명히 보여 준다고 하겠습니다.

일본에는 좌우를 엄격하게 구분하는 풍습이 아직 남아 있
습니다. 일본의 온천에서는 욕의浴衣로 갈아입을 때 옷을 입는
사람이 오른손잡이든 왼손잡이든 상관없이 반드시 왼쪽 섶이
오른쪽 섶 위로 오게 입어야 합니다. 만일 이와 반대로 오른쪽
섶이 왼쪽 섶 위로 올라오게 입으면 그 옷은 욕의가 아니라 죽

은 사람에게 입히는 수의壽衣가 되어 버립니다. 왼쪽과 오른쪽, 생生과 사死는 이처럼 긴밀하게 대응됩니다.

병기와 전쟁은 생활의 일부도 아니고 살아 있는 사람의 정상적인 행위도 아닙니다. 그저 어쩔 수 없는 상황에서만 사용하게 됩니다. 따라서 될 수 있는 한 사용하지 말아야 하고, 사용하더라도 최소한으로만 해야 할 것입니다. 싸우지 않아도 되면 싸우지 말고, 병기를 적게 사용해도 된다면 적게 쓰는 게 최선입니다. 수량과 규모, 빈도 모두 줄이면 줄일수록 좋습니다.

승리해도 불미스럽게 여겨야 하니, 그것을 찬미하는 자는 바로 사람 죽이는 것을 즐기는 자이다. 사람 죽이는 것을 즐기는 자는 천하에서 뜻을 얻지 못할 것이다.

勝而不美, 而美之者, 是樂殺人. 夫樂殺人者, 則不可以得志於天下矣.

병기를 동원하여 전쟁에서 이긴다 해도 그것은 아름답지 못한 일입니다. 전쟁을 찬양하는 사람은 전쟁의 승리를 좋은 일이라고 여기는 사람이며, 이는 본질적으로 사람 죽이는 것을 즐거움으로 여기는 것과 똑같습니다. 사람 죽이는 것을 좋아하는 사람은 천하의 민심을 얻을 수 없고, 또 뜻한 바를 이룰 수도 없습니다.

이 점에서 노자의 견해는 맹자와 일치합니다. 『맹자』 「양혜왕」梁惠王에서 맹자는 양梁나라 양왕襄王에게 "사람 죽이기를 좋아하지 않는 자가 통일할 수 있다"不嗜殺人者能一之라고 했습니다. 맹자는 각국이 모두 적을 죽이는 데 혈안이 되어 있는 상황에서 살인을 좋아하지 않고, 살인을 낙으로 여기지 않고, 전쟁의 승리를 불미스럽게 여기는 사람이라야 천하를 통일할 수 있다고 보았습니다. 노자와 맹자의 이러한 견해는 전국 시대 중후기 사람들의 보편적인 심정을 반영한 것입니다. 당시 중국은 너무도 많은 전쟁을 치러야 했고, 그로 인해 백성의 생활은 견딜 수 없을 정도로 비참했습니다. 전쟁을 혐오하고 평화를 갈망하는 것은 당연한 일이었습니다.

길한 일에는 왼쪽을 숭상하고 흉한 일에는 오른쪽을 숭상한다. 전쟁에서 편장군이 왼쪽에 자리 잡고 상장군이 오른쪽에 자리 잡는 것은 전쟁을 상례 의식으로 여긴다는 말이다.

吉事尙左, 凶事尙右. 偏將軍居左, 上將軍居右, 言以喪禮處之.

이는 좌우의 예절을 확대 해석한 것입니다. 기쁜 일에서는 왼쪽이 오른쪽보다 높고, 궂은일에서는 오른쪽이 왼쪽보다 높습니다. 군대 의례에서 지위가 낮은 편장군이 왼쪽에 서고 지위가 높은 상장군은 오른쪽에 서는 것은 전쟁을 상례喪禮의 태도로 대하고 있음을 보여 줍니다.

전쟁에서 죽은 사람이 많으면 비통한 마음으로 임하고, 전쟁에서 이기더라도 상례에 따라 처리한다.

殺人之衆, 以哀悲泣之. 戰勝, 以喪禮處之.

전쟁이 벌어지면 사람을 죽여야 하는 것은 틀림없는 일이니, 전쟁에서 승리했다는 것은 무수한 사람들을 죽였다는 말이나 다름없습니다. 따라서 그렇게 많은 사람을 죽였으니 슬프고 비통한 마음, 통곡의 심정으로 승리를 대해야지 기쁨의 환호성을 올려서는 안 됩니다. 이것이 바로 전쟁에서 승리했을지라도 의식儀式을 거행할 때는 상례에 따라야 하는 이유입니다.

이 장은 매우 중요합니다. 왜냐하면 『노자』의 사상과 주장이 어떠한 배경에서 나왔는지 명확히 보여 주기 때문입니다.

『노자』의 핵심 개념인 '무위'는 전국 시대의 빈번한 전쟁에 대한 저항 의식에서 생긴 것입니다. 『노자』에서는 한 나라의 군주는 '무위'無爲를 행해야 하고 '무위'를 행할 수 있어야 '무불위'無不爲(행하지 못하는 바가 없음)하게 됨을 거듭 강조하는데, 이는 바로 '유위'有爲(인위적이고 작위적인 행위)에 급급한 당시의 군주들이 더 넓은 영토, 더 많은 재물을 차지하고자 무수한 백성을 전쟁터로 몰아넣고 있었기 때문입니다.

거듭되는 전쟁에 지친 백성들은 쉬고 싶었습니다. 『노자』는 사람들의 이러한 심정을 인생철학과 처세법으로 전환해 '무위자연'을 주장했습니다. 그리하여 자연 상태를 회복하고 법의 사용을 줄이면, 오히려 더 많은 권력을 차지하고 권력 기반을 더욱 탄탄히 다질 수 있으며 차지한 권력을 더욱 효과적으로 운용할 수 있다는 역설逆說을 편 것입니다.

『노자』의 이러한 주장을 오늘날에도 그대로 적용할 수 있다고 여기는 것은 좀 불합리해 보입니다. 왜냐하면 그 속에는 너무도 많은 반反지혜, 반反문화의 요소가 뚜렷하게 나타나 있기 때문입니다. 사람들을 배불리 먹게 하여 아무 생각도 하지 않게 만든다는 것은 분명 '반지혜'의 태도이고, 지식을 "덜어내고 또 덜어내어"損之又損 재능도 재물도 내던져야 한다는 것은 분명 '반문화'의 태도입니다.

그러나 『노자』가 전국 시대 중후기의 난세 속에서 탄생했음을 염두에 둔다면 우리는 『노자』의 이러한 사상을 좀 달리 이해할 수 있습니다. 사실 『노자』는 비일상적이고 극단적인 상황에 맞서는 일련의 지혜입니다. 그 시대 권력자들의 욕망은 끊임없이 팽창하고 있었고, 그에 대항할 아무런 힘도 지니지 못한 백성은 권력자의 이러한 욕망 충족을 위해 끊임없이 강제 동원되어야만 하는 상황이었습니다. 이러한 비인간적인 시대 흐름에 『노자』는 교묘히 브레이크를 걸고자 했던 것입니다.

노자는 일국의 군주보다 더 권위적인 말투를 사용하였고, 군주에게 권력을 어떻게 사용하는지 가르치는 태도를 취했습니다. 그는 군주에게 반대하지 않았습니다. 다만 그는 어떻게 군주가 될 수 있는지를 실제 군주보다 더 잘 이해했고, 그 입장에서 노자는 그 군주들의 권력 사용 방식을 비판했던 것입니다.

노자는 "올바른 말은 반대처럼 들린다"正言若反는 역설의 수법을 사용하여 군주에게 더 이상 앞으로 나아가려 하지 말고, 더 이상 야심을 확대하려 하지 말고, 오히려 뒤로 물러서고 자기주장을 줄여 가야 한다고 말했습니다. 그가 이렇게 말한 이유는 이러한 말투, 이러한 권위적인 태도가 아니고서는 욕망이 급팽창하는 전국 시대에 어느 군주도 그의 말을 들으려 하지 않았을 것이기 때문입니다.

역사의 맥락에서 이해해야 하는 노자

　다시 처음으로 돌아가『노자』의 제작 시기에 대해 얘기해 봅시다. '『장자』가『노자』보다 먼저 이루어졌다'는 견해와 그 증거를 먼저 설명해야 하는 이유는 무엇일까요? 그것은『노자』의 제작 시기가『노자』를 이해하는 데 대단히 중요한 문제이기 때문입니다.

　제31장을 제외하면『노자』에서 전쟁이 언급된 경우는 거의 없는 데다, 그간 노자를 공자와 거의 동시대인 춘추 시대의 인물로 단정해 왔기에, 우리는『노자』가 공자의 가르침과 마찬가지로 보편적인 처세處世의 법칙, 치국治國의 도리를 이야기한 책이라고 이해했습니다. 그리하여 전국 시대와 같은 난세를 맞아 '무위'로 그러한 난세에 대응하려 했던 노자의 본뜻을 무시하고, 쉽게 노자의 주장을 정상적이고도 태평한 사회에 운용하려고만 들었습니다. 그 결과『노자』는 완전히 '반지혜', '반문화'의 정치철학으로 변질되고 말았지요.

순전히 통치자의 입장에서 보았을 때, 군왕이 가장 쉽게 받아들일 수 있으면서도 종종 가장 효과적인 결과를 가져오는 『노자』의 주장은 백성을 앎도 없고 욕심도 없는 무지무욕無知無慾의 상태로 남아 있게 하라는 것입니다. 이는 통치자에게 가장 간편하면서도 이로운 방책입니다.

이후의 역사 발전은 이 점을 분명히 보여 줍니다. 즉 제국이 형성되는 과정 속에서 『노자』는 권모술수를 주요 논제로 다루는 『한비자』와 하나로 묶이는데 사마천의 『사기』 「노자한비열전」이 대표적인 예입니다. 그리고 한나라의 사상 속에서 '노자'는 '황제'黃帝와 함께 '황로'黃老로 불리며 '무위청정'無爲淸靜을 강조하게 되는데, 이 '무위청정'은 일반인과는 무관한, 왕실의 통치 원리로 이해되었습니다. 그러다가 한나라 말에 사회가 몹시 어지러워지고 사회 기강이 해이해지면서, 위진 시대 이후로 내려와 비로소 『장자』와 결합되어 '노장'으로 불리게 됩니다.

'『장자』가 『노자』보다 먼저 이루어졌다'는 시대 검증은 옳습니다. 우리는 노자의 시대가 장자의 시대보다 훨씬 더 가혹했음을 압니다. 전쟁과 살육이 장자의 시대보다 오래 지속되었고, 상대 나라를 먹지 않으면 내 나라가 잡아먹히는 약육강식의 국면은 해소될 기미가 보이지 않았지요. 노자는 이러한 비정상적인 시대에 살면서 비정상적인 주장을 피력합니다. 주나라의 예법이 완전히 붕괴된 그 시대에는 무력으로 영토를 병합하고 승부를 가리는 것 외에 따를 만한 어떤 규칙도 없어 보였습니다.

노자는 미래를 위해 지속 가능한 방안을 새롭게 구상하기보다는 눈앞의 현실을 타개하고자 했습니다. 그는 군왕에게 전쟁을 멈추고 법의 사용을 줄이며 '무위'를 통해 권력을 행사하라고 설파했습니다. 그리되면 아무리 못해도 전란이 지금보다는 줄어들 것이고 사람들은 한 가닥 평온한 삶의 희망을 품을 수 있게 될 것이기 때문입니다.

『노자』의 학설에는 이렇듯 현실적인 측면이 들어 있습니다. 이러한 현실성 위에서 『노자』를 대해야만 우리는 책의 내용과 저자를 더욱 깊이 이해하고 공감할 수 있으며, 노자가 말한 일련의 경구警句를 인간사와 권력을 운용하는 최고의 지도 원칙으로 간주하는 것을 피할 수 있습니다.

이는 저의 편견일 수 있습니다. 저는 『노자』의 학설로 사회를 구성하고 권력을 운용한다면 현대 문명은 필연적으로 재앙을 맞이하리라 생각합니다. 그 역사 배경을 복원하고 제31장에서 보이는 현실 문제를 고려해 당시의 현실 문제에 대처하는 노자의 지혜를 이해한다면, 노자의 시대와 우리 자신의 시대를 서로 비교해, 믿을 만한 것과 믿지 않을 것, 따를 것과 버릴 것을 좀 더 잘 판단하고 고를 수 있을 것입니다.

『노자』는 전국 시대의 군왕들을 설득하지는 못했습니다. 그의 학설이 제 힘을 발휘하기까지는 100년이 넘는 시간이 흘러야 했습니다. 진나라의 무력 정벌을 통한 전국 통일, 그 후 다시 진나라 말에서 한나라 초에 이르는 전란을 거치는 동안 사람들은 심신의 휴식이 무엇보다도 절실했는데, 그런 상황에서 한나라 황제는 '황로'를 신뢰하고 부분적으로 '무위 정치'를 펼쳤던 것입니다. 그리하여 수백 년간의 잔혹한 전란은 종지부를 찍었고, 한나라 왕실의 통치 기반은 노자의 말대로 탄탄해질 수 있었습니다.

역자 후기·은자의 고뇌에서 나온 무위의 역설

"『노자』는 결코 현묘하지도 않고 심원하지도 않습니다."

『노자』를 대하는 저자의 기본 태도입니다. 듣기에 따라서 『노자』를 깎아내리는 듯이 보이는 이 말은 수백여 종에 달하는 『노자』 주석본의 존재를 무색케 합니다. 문장의 표현이 애매하고 간결하여, 후세 사람들이 별다른 검증 없이 그 안에 현묘한 내용을 너무도 많이 담은 탓에 『노자』 본래의 의미가 오히려 모호해져 버렸다는 것이 저자의 생각입니다.

저자는 『노자』의 핵심이 매우 직접적이고 간단하며 그 수도 몇 개 안 된다고 주장하며, 81장 5천 자의 전문全文이 직접적이고도 핵심적인 개념 몇 개를 반복적으로 설명하고 있다고 말합니다. 그리고 그 핵심 내용으로 다음 세 가지를 지적합니다.

첫째, 만물에 앞서는 '도'의 존재입니다. 이 '도'는 다른 어떤 원리에 의해서도 지배당하거나 통제되지 않는, 오로지 모든 사물을 관할하고 통솔하는 주체라는 것입니다.

둘째, '도'에 대한 이해입니다. 만물의 주재자인 '도'를 어떻게 이해할 것인가 하는 문제입니다. 저자는 이를 위해서 분별이 생기기 전의 상태, 즉 '혼돈'混沌으로 돌아가야 한다고 말합니다. 높고 낮음, 선과 악, 길고 짧음의 분별을 버리고 '혼돈'의 시각에서 세상만물을 대하는 태도가 필수적이라는 것이지요.

셋째, '도'의 쓰임입니다. '도'의 시각을 갖게 된 후 그것을 어떻게 세상 속에서 운용해 나갈 것인가 하는 이야기입니다. 저자는 『노자』가 권력을 쥔 지배층을 상대로 '도'의 운용을 이야기하고 있다고 말합니다. 다시 말해 어떻게 하면 효과적으로 권력을 운용하고, 더 큰 권력을 차지하고, 차지한 권력을 유지할 수 있는지를 밝히고 있다는 것입니다.

각 장의 대략적인 내용은 다음과 같습니다.

제1장에서는 노자와 장자의 차이점을 얘기합니다. 장자의 '도'는 세상으로부터 도피하는 성격을 갖는 데 반해, 노자의 '도'는 권력을 차지하고 권력을 지속적으로 보유하는 가장 좋은 방법으로서의 '도'입니다.

제2장에서는 『노자』가 남방 '은자隱者 문화'의 산물임을 얘기합니다. 남방에는 주周나라의 종법宗法 제도와는 확연히 다른 은자 문화의 전통이 있었습니다. 남방의 은자들은 종법 제도의 존폐에는 관심이 없고 어떻게 하면 난세 속에서도 상처받지 않고 평온하고 자유롭게 살 수 있는지에만 관심이 있었는데, 『노자』는 그러한 은자 문화의 풍토 속에서 이루어졌다는 것입니다.

제3장부터는 『노자』 본문에 대한 본격적인 언급이 나옵니다. 제3장에서는 『노자』 제1장에서 제3장까지, 제4장에서는 『노자』 제4장에서 제13장까지, 제5장에서는 『노자』 제14장과 제15장 그리고 제31장을 다룹니다. 저자는 『노자』의 제1장에서 제15장까지 『노자』의 주요 개념과 주장이 모두 제시되고,

제16장부터는 앞서의 내용을 다양한 각도에서 부연 설명한다며『노자』본문에 대한 언급을 마칩니다. 다만 제31장은 전쟁에 대한 노자의 견해가 직접적이고도 강렬하게 표현되고 있다며 제법 상세하게 다룹니다. 저자가 제31장을 중시하는 이유는 이 장이『노자』가 전쟁이 끊이지 않는 전국 시대의 산물임을 보여 주는 증거가 되기 때문입니다.

저자는 전국 시대 중후기의 난세에서 어떻게 하면 시대에 상처받지 않고 내면의 평온과 안온을 유지할 수 있을 것인가 하는 은자의 고뇌로부터『노자』가 탄생했다고 말합니다. 노자가 군주를 향해 전쟁을 멈추고 법의 사용을 줄이며 '무위'無爲를 통해 권력을 행사하라고 설파하는 것도 사실은 은자의 그러한 목적을 달성하기 위한 교묘한 수단이라고 보지요. 고개가 절로 끄덕여지는 대목입니다. 시대성을 무시하고, 보편적인 처세술로만『노자』를 이해하는 세간의 인식을 바로잡아 준다 하겠습니다.

"노자의 학설로 사회를 구성하고 권력을 운용한다면 현대

문명은 필연적으로 재앙을 맞게 될 것"이라는 저자의 생각도
『노자』의 이러한 시대 배경을 무시해서는 안 됨을 역설하는 것
이라고 생각합니다. "백성을 앎도 없고 욕심도 없는 무지무욕
無知無慾의 상태로 남아 있게 하고" "재능도 재물도 내던져야 한
다"는 반反지혜적이고 반反문화적인 『노자』의 말을 염두에 두
고 한 말입니다. 그렇다면 『노자』는 오늘날의 우리에게 아무런
의미도 없는 것일까요? 물론 그렇지 않습니다. 당시의 시대 상
황을 고려하고, 노자의 시대와 우리 자신의 시대를 비교해 가
며 『노자』를 읽는다면 우리는 그 속에서 오늘날에도 유용한 삶
의 지혜를 분명 찾아낼 수 있을 것이기 때문입니다. 이 책은 그
러한 시각을 우리에게 요구하고 또 지니게 합니다. 그 점에서
독자에게 일독을 권합니다.

2015년 6월
정병윤

노자를 읽다 :
전쟁의 시대에서 끌어낸 생존의 지혜

2015년 7월 24일 초판 1쇄 발행

지은이	**옮긴이**
양자오	정병윤

펴낸이	**펴낸곳**	**등록**
조성웅	도서출판 유유	제406-2010-000032호(2010년 4월 2일)

주소
경기도 파주시 책향기로 337, 308-403 (우편번호 413-782)

전화	**팩스**	**홈페이지**	**전자우편**
070-8701-4800	0303-3444-4645	uupress.co.kr	uupress@gmail.com

페이스북	**트위터**
www.facebook.com/uupress	www.twitter.com/uu_press

편집	**디자인**
이경민	이기준

제작	**인쇄**	**제책**
제이오	(주)재원프린팅	(주)정문바인텍

ISBN 979-11-85152-34-9 04150
     979-11-85152-02-8 (세트)

이 도서의 국립중앙도서관 출판시도서목록(CIP)은 서지정보유통지원시스템
홈페이지(seoji.nl.go.kr)와 국가자료공동목록시스템(www.nl.go.kr/kolisnet)에서
이용하실 수 있습니다.(CIP제어번호: CIP2015018692)

유유 출간 목록

공부

공부의 기초

공부하는 삶

배우고 익히는 사람에게 필요한 모든 지식

앙토냉 질베르 세르티양주 지음, 이재만 옮김

공부 의욕을 북돋는 잠언서. 프랑스는
물론이고 영미권에서는 지금까지도
이 책을 공부의 길잡이로 삼아 귀중한
영감과 통찰력, 용기를 얻었다고
고백하는 독자가 적지 않다.
지성인의 정신 자세와 조건, 방법에
대해 알뜰하게 정리한 프랑스의
수도사 세르티양주는 공부가 삶의
중심이며 지성인은 공부를 위해
삶 자체를 규율해야 한다고 말한다.

공부책

**하버드 학생들도 몰랐던 천재 교수의
단순한 공부 원리**

조지 스웨인 지음, 윤태준 옮김

공부를 지식의 암기가 아닌 지식의
활용이라는 관점에서 보고 그런
공부를 하도록 안내하는 책. 학생의
자주성만큼이나 선생의 역할이
중요함을 강조한 저자는 이 책에서
기본적으로 선생과 학생이 있는
교육을 중심에 두고 공부법을
설명한다. 단순하고 표준적인 방법을
확고하고 분명한 어조로 말한 책으로,
그저 지식만 습득하는 공부가 아닌
삶의 기초와 기조를 든든하게 챙길
공부를 원하는 사람이라면 일독해야
할 책이다.

평생공부 가이드

**브리태니커 편집장이 완성한 교양인의
평생학습 지도**

모티머 애들러 지음, 이재만 옮김

인간의 학식 전반을 개관하는
종합적 교양인이 되기를 원하며
거기에서 지혜를 얻으려는 사람을
위한 안내서. 미국의 저명한
철학자이자 전설적인 브리태니커
편집장이었던 저자는 평생공부의
개념마저 한 단계 뛰어넘어,
인간으로서 이룰 수 있는 수준 높은
교양의 경지인 르네상스인이
되고자 하는 이들을 위해 인류가
이제까지 쌓아 온 지식을 제대로
파악할 수 있는 지도를 완성했다.
이제 이 지도를 가지고 진정한 인문학
공부 여행을 떠나도록 하자.

단단한 시리즈

단단한 공부
내 삶의 기초를 다지는 인문학 공부법
윌리엄 암스트롱 지음, 윤지산 윤태준 옮김

듣는 법, 도구를 사용하는 법, 어휘를 늘리는 법, 생각을 정리하는 법 등 효율적인 공부법을 실속 있게 정리한 작지만 단단한 책. 원서의 제목 'Study is Hard Work'에서도 짐작되듯 편하게 익히는 공부법이 아니라 고되게 노력하여 배우는 알짜배기 공부법이므로, 이 책을 따라 익히면 공부의 기본기를 제대로 닦을 수 있다.

단단한 독서
내 삶의 기초를 다지는 근본적 읽기의 기술
에밀 파게 지음, 최성웅 옮김

KBS 'TV, 책을 보다' 방영 도서. 프랑스인이 100년간 읽어 온 독서법의 고전. 젊은 번역가가 새롭게 번역한 이 책을 통해 이제 한국 독자도 온전한 번역본으로 파게의 글을 읽을 수 있다. 프랑스는 물론이고 유럽 각국의 교양인이 지금까지도 에밀 파게의 책을 읽는 이유는 이 책에 아무리 오랜 세월이 흘러도 변치 않는 근본적인 독서의 기술이 알뜰살뜰 담겨 있기 때문이다. 파게가 말하는 독서법의 요체는 '느리게 읽기'와 '거듭 읽기'다. 파게에게 느리게 읽기는 제일의 독서 원리이며, 모든 독서에 보편적으로 적용된다.

단단한 과학 공부
내 삶의 기초를 다지는 자연과학 교양
류중랑 지음, 김택규 옮김

박학다식한 노학자가 과학의 다양한 분야를 이해하기 쉽게 설명한 안내서. 작게는 우리 몸 세포의 움직임이 우리의 마음에 어떻게 반응하는지부터 크게는 저 우주의 은하와 별의 거리까지, 우리를 둘러싼 세상을 과학의 눈으로 바라보게 한다. 곳곳에 스며든 인간적 시선과 통찰, 유머가 읽는 즐거움을 더한다.

단단한 사회 공부
내 삶의 기초를 다지는 사회과학 교양
류중랑 지음, 문현선 옮김

우리가 상식으로 알고 있는 사회 현상을 근본부터 다시 짚어 보게 하는 책. 일상생활에서 자주 접하는 일화들을 알기 쉽게 설명해 과거와 현재 그리고 미래에 일어났고 일어나고 있고 일어날 일을 스스로 생각하고 판단하게 한다. 역사의 흐름을 한 축으로, 이성을 기반으로 하는 과학 정신을 다른 한 축으로 하는 이 책은 사회를 보는 안목을 높인다.

번역자를 위한 우리말 공부

한국어를 잘 이해하고 제대로 표현하는 법

이강룡 지음

외국어 실력을 키우는 번역 교재가
아니라 좋은 글을 판별하고 훌륭한
한국어 표현을 구사하는 태도를 길러
주는 문장 교재. 기술 문서만 다루다
보니 한국어 어휘 선택이나 문장 감각이
무뎌진 것 같다고 느끼는 현직 번역자,
외국어 구사 능력에 비해 한국어
표현력이 부족하다 여기는 통역사,
이제 막 번역이라는 세계에 발을 디딘
초보 번역자 그리고 수많은 번역서를
검토하고 원고의 질을 판단해야 하는
외서 편집자가 이 책의 독자다.

동사의 맛

교정의 숙수가 알뜰살뜰 차려 낸 우리말 움직씨 밥상

김정선 지음

20년 넘도록 문장을 만져 온 전문
교정자의 우리말 동사 설명서. 헷갈리는
동사를 짝지어 고운 말과 깊은 사고로
풀어내고 거기에 다시 이야기를 더해
재미있게 읽을 수 있도록 했다. 일반
독자라면 책 속 이야기를 통해 즐겁게
동사를 익힐 수 있을 것이고, 우리말을
다루는 사람이라면 사전처럼 요긴하게
쓸 수 있을 것이다.

공부하는 엄마들

인문학 초보 주부들을 위한 공부 길잡이

김혜은, 홍미영, 강은미 지음

공부하고 싶지만 어떻게 하면 좋을지
알지 못하는 엄마들 그리고 모든 이를
위한 책. 인문 공동체에 용감하게
뛰어들어 처음부터 하나하나 시작한
세 주부의 글로 꾸며졌다. 자신의
이야기부터 비슷한 경험을 하고
있는 다른 주부와 나눈 대화, 여기에
도움이 될 만한 도서 목록, 공부하는
사람과 함께할 수 있는 인문학
공동체의 목록까지 책 말미에 더해
알차게 담아냈다.

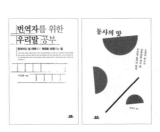

고전

동양고전강의 시리즈

삼국지를 읽다
중국 사학계의 거목 여사면의 문학고전 고쳐 읽기
여사면 지음, 정병윤 옮김

중국 근대사학계의 거목이 대중을 위해 쓴 역사교양서. 이 책은 조조에 대한 새로운 관점을 처음 드러낸 다시 읽기의 고전으로, 자기 자신의 눈으로 문학과 역사를 보아야 한다고 역설하는 노학자의 진중함이 글 곳곳에 깊이 새겨져 있다.

사기를 읽다
중국과 사마천을 공부하는 법
김영수 지음

28년째 『사기』와 그 저자 사마천을 연구해 온 『사기』 전문가의 『사기』 입문서. 강의를 모은 책이라 쉽고 재미있게 읽을 수 있다. 지금까지 중국을 130여 차례 답사하며 역사의 현장을 일일이 확인하고, 그 경험을 바탕으로 연구한 전문가의 강의답게 현장감 넘치는 일화와 생생한 지식이 가득하다. 『사기』에 관심이 있는 독자라면 남녀노소 누구나 어렵지 않게 읽을 수 있는 교양서.

논어를 읽다
공자와 그의 말을 공부하는 법
양자오 지음, 김택규 옮김

『논어』를 역사의 맥락에 놓고 텍스트 자체에 집중해, 최고의 스승 공자와 그의 언행을 새롭게 조명한 책. 타이완의 인문학자 양자오는 『논어』 읽기를 통해 『논어』라는 텍스트의 의미, 공자라는 위대한 인물이 춘추 시대에 구현한 역사 의미와 모순을 살펴보고, 공자라는 인물을 간결하고도 분명한 어조로 조형해 낸다. 주나라의 봉건제로 돌아가기를 꿈꾸면서도 신분제에 어긋나는 가르침을 펼친 인물, 자식보다 제자들을 더 아껴 예를 어겨 가며 사랑을 베풀었던 인물, 무엇보다 사람이 사람다워야 함을 역설했던 큰 인물의 형상이 오롯하게 드러난다.

서양고전강의 시리즈

종의 기원을 읽다
고전을 원전으로 읽기 위한 첫걸음
양자오 지음, 류방승 옮김

고전 원전 독해를 위한 기초체력을
키워 주는 서양고전강의 시리즈
첫 책. 인간과 자연의 관계를
변화시킨 『종의 기원』에 대한 새로운
해설서다. 저자는 섣불리 책을
정의하거나 설명하지 않고 책의
역사적, 지성사적 맥락을 흥미롭게
들려줌으로써 독자들을 고전으로
이끄는 연결고리가 된다.

꿈의 해석을 읽다
프로이트를 읽기 위한 첫걸음
양자오 지음, 문현선 옮김

인간과 인간 자아의 관계를 바꾼
『꿈의 해석』에 관한 교양서. 19세기
말 유럽의 독특한 분위기, 억압과
퇴폐가 어우러지며 낭만주의가
극에 달했던 그 시기를 프로이트를
설명하는 배경으로 삼는다. 또한
프로이트가 주장한 욕망과 광기
등이 이후 전 세계 문화와 예술에
미친 영향을 들여다보며 현재의
우리에게는 어떤 의미인지 점검한다.

자본론을 읽다
마르크스와 자본을 공부하는 이유
양자오 지음, 김태성 옮김

마르크스 경제학과 철학의 탄생,
진행 과정과 결과에 이르기까지
역사의 맥락과 기초 개념을 짚어
가며 『자본론』의 핵심 내용을
간결하고 정확한 시각으로 해설한 책.
타이완에서 자란 교양인이 동서양의
시대 상황과 지적 배경을 살펴 가면서
썼기에 비슷한 역사 경험을 가진
한국인의 피부에 와 닿는 내용이
가득하다.

중국

야만의 시대, 지식인의 길
중국사 지성의 상징 죽림칠현, 절대 난세에
답하다
류창 지음, 이영구 외 옮김

중국 중앙방송 '백가강단'에서 절찬리
방영된 역사 교양강의.
동아시아 지식인의 원형, 죽림칠현의
파란만장한 인생을 유려하게 풀어낸 수작.
문화와 예술 방면에서는 화려하고도
풍부한 열정이 가득했으나
정치적으로는 권력으로 인한 폭력과
압박으로 처참했던 위진 시기.
입신하여 이름을 떨치느냐 은둔하여
자유를 추구하느냐의 갈림길에서
유교와 도교를 아우른 지식인의 고뇌가
깊어진다. 뛰어난 재능과 개성으로
주목받았던 일곱 지식인.
그들의 고민과 선택, 그로 인한
다채로운 삶은 독자에게 현재의 자리를
돌아보고 앞으로 나아갈 길을 다시
생각하게 한다.

중국, 묻고 답하다
미국이 바라본 라이벌 중국의 핵심 이슈
108
제프리 와서스트롬 지음, 박민호 옮김

108개의 문답 형식으로 중국의
교양을 간결하게 정리한 이 책은
중국을 왜 그리고 어떻게 이해해야
하는지 알고자 하는 독자에게
유익하다. 술술 읽히는 이야기를
따라가다 보면 과거의 중국에 대한
정보부터 오늘날 중국에서 가장
중요한 인물과 사건까지 한눈에
파악된다. 교양인이 반드시 알아야
할 내용으로 가득득한 미국 중국학
전문가의 명저.

명문가의 격
고귀하고 명예로운 삶을 추구한 중국
11대 가문의 DNA
홍순도 지음

중국을 이끈 명문가 열한 가문을
엄선해 그들이 명문가로 자리
잡을 수 있었던 근원과 조상의 정신을
이어받은 후손의 노력을 파헤친
중국전문가의 역작. 3년간의 자료
조사와 현지 취재로 생생한 역사와
현장감이 느껴진다. 동아시아의
큰 스승 공자 가문부터 현대 중국을
있게 한 모택동 가문에 이르기까지,
역사 곳곳에 살아 숨 쉬는 가문의
일화와 그 후손이 보여 주는 저력은
가치 있는 삶과 품격이 무엇인지
생각하게 한다.

열린 인문학 강의
전 세계 교양인이 100년간 읽어 온
하버드 고전 수업
윌리엄 앨런 닐슨 엮음, 김영범 옮김

'하버드 고전'은 유사 이래로
19세기까지의 인류의 지적 유산을
담은 위대한 고전을 정선한
시리즈로서 인류의 위대한 관찰과
기록, 사상을 담고 있다. 이 책은
하버드 고전을 읽기 위한 안내서로
기획되었으며 하버드를 대표하는
교수진이 인문학 고전과 대표 인물을
망라하여 풍부한 내용을 정제된
언어로 소개한다.

부모인문학
교양 있는 아이로 키우는 2,500년 전통의
고전공부법
리 보틴스 지음, 김영선 옮김

문법, 논리학, 수사학을 가르치는
서양의 전통 교육은 아이에게
인문학적 소양을 갖추게 하는 좋은
공부법이다. 모든 교육의 목적은 결국
새로운 정보를 저장하고(문법), 처리
검색하며(논리학), 표현하는(수사학)
능력을 키우는 것인데, 이 책에는
아이가 성인이 되어 자립적으로
살아갈 수 있는 키워 주는
고전공부법이 담겼다. 저자는
이 고전공부법을 소개하고 이를 현대
상황에 맞게 적용하는 법을 솜씨 있게
정리했다.

인문세계지도
지금의 세계를 움직이는 핵심 트렌드 45
댄 스미스 지음, 이재만 옮김

지구의 인류가 살아가는 데 가장 큰
영향을 미치는 핵심 이슈와 트렌드를
전 세계적 범위에서 체계적이고
시각적으로 정리한 책. 전 세계의
최신 정보와 도표를 첨단 그래픽으로
표현하였고, 부와 불평등, 전쟁과
평화, 민주주의와 인권, 인류의
건강, 지구의 환경이라는 다섯
가지 주요 쟁점을 인류 전체의
진보라는 관점에서 다룬다. 다양한
이미지에 짧고 핵심적인 텍스트가
곁들여지므로 전 세계를 시야에 품고
공부하고자 하는 이들이 곁에 두고
참고하기에 좋다.

동양의 생각지도
어느 서양 인문학자가 읽은 동양 사유의 고갱이
릴리 애덤스 벡 지음, 윤태준 옮김

동서양 문화의 교류, 융합의 추구가
인류를 아름다운 미래로 이끄는
중요한 토대가 된다는 믿음을
바탕으로, 저자가 동양 여러 나라의
정신을 이루는 철학과 사상을 오랜
시간 탐사하고 답사한 결과물.
기본적으로 동양에 대해 철저히
무지한, 또는 그릇된 선입견을
가진 서양의 일반 독자를 위한
안내서이지만 서양이라는 타자를
통해 우리 자신이 속한 동양을 새로운
시각으로 되돌아보는 좋은 기회를
얻을 수 있다.

엔지니어의 인문학 수업
르네상스인을 꿈꾸는 공학도를 위한
필수교양

새뮤얼 플러먼 지음, 김명남 옮김

엔지니어의 눈으로 보고 정리한,
엔지니어를 위한 인문 교양 안내서.
물론 보통의 독자에게도 매력적이다.
엔지니어의 눈으로 본 인문학의
각 분야는 참신하고 유쾌하다.
엔지니어 특유의 군더더기 없는
문장으로 아직 인문학 전반에 낯선
독자에게나 인문학에 거리감을
느끼는 엔지니어에게 추천할 수 있는
좋은 책이다.

같이의 가치를 짓다
청년 스타트업 우주 WOOZOO의 한국형
셰어하우스 창업 이야기

셰어하우스 우주 WOOZOO

김정헌, 계현철, 이정호, 조성신, 박형수 지음

'셰어하우스'라는 대안 주거를
구현한 젊은 기업 우주woozoo의
창업부터 지금까지의 이야기를
담은 책. 현실의 주거 문제, 하고 싶은
일을 실천하려는 힘과 도전 정신,
가족이라는 문제, 공유 의식, 청년
문제 등 여러 가지 관점에서 다양하게
생각할 거리를 던져 준다. 무엇보다
그 모든 것을 아우르는 젊고 유쾌한
에너지가 책 전체에 넘쳐 독자를
즐겁게 한다.

공부해서 남 주다
대중과 교양을 나누어 성공한 지식인들의
남다른 삶

대니얼 플린 지음, 윤태준 옮김

지식이 권력인 사회에서, 대중과
지식을 나누어 성공한 지식인들의
남다른 삶을 다룬 책. 이들은
일반적인 교육의 혜택을 받지 못하고
스스로 노력해 얻은 지식을 대중과
함께하고자 했고, 그 노력은 수많은
이를 역사, 철학, 문학, 경제학의
세계로 이끌었다. 지식의 보급과
독점이 사회에서 각각 어떤 영향을
끼치는지, 어떤 미래를 만드는지
생각하도록 한다.

1일1구
내 삶에 힘이 되는 고전명언 365
김영수 지음

하루에 한 구절씩 맛보는 고전의
풍미. 마르지 않는 지혜의 샘.
고전에는 과거와 현재와 미래를
관통하는 선현의 지혜가 담겼다.
그러나 이 오래된 지혜를 요즘의
독자가 문화와 역사를 단숨에
뛰어넘어 이해하기는 쉽지 않다.
중국 고전 학자이자 『사기』 전문가인
저자가 중국의 300여 고전 중에서
명구를 엄선하여 독자가 부담 없이
읽어 볼 수 있도록 소개했다. 원문을
함께 실려 있어 고전의 또 다른
맛과 멋을 느낄 수 있다.

하루 한자 공부
내 삶에 지혜와 통찰을 주는
교양한자 365
이인호 지음

하루에 한 자씩 한자를 공부할 수
있는 책. 한자의 뿌리를 해설한
여러 고전 문헌과 여러 중국학자의
연구 성과를 두루 훑어 하루에
한자 한 자씩을 한자의 근본부터
배울 수 있도록 한다. 무조건
암기하기보다는 한자의 기초부터
공부하도록 해 한자에 대한
기초체력을 키우는 데 중점을 둔
책으로, 하루 한 글자씩 익히다 보면
어느새 한자에 대한 자신감이 붙을
것이다.

책의 책

고양이의 서재
어느 중국 책벌레의 읽는 삶, 쓰는 삶, 만드는 삶

장샤오위안 지음, 이경민 옮김

중국 고전과 인문서를 꾸준히 읽어
착실한 인문 소양을 갖춘 중국의
과학사학자이자 천문학자의 독서
편력기. 학문, 독서, 번역, 편집, 서재,
서평 등을 아우르는 책 생태계에서
살아온 그의 삶에는 책을 좋아하는
사람의 모든 것이 담겨 있다. 과학과
인문학을 오가는 그의 문제의식과
중국 현대사 속에서 살아가는 개인의
관점 역시 놓칠 수 없는 대목이다.

사람

내가 사랑한 여자
공선옥 김미월 지음

소설가 공선옥과 김미월이 그들이
사랑하고, 사랑하기에 모든 이들과
함께 이야기를 나누고 싶은 여자들에
대해 쓴 산문 모음. 시대를 앞서
나갔던 김추자나 허난설헌 같은
이부터 자신의 시대에서 눈을 돌리지
않았던 케테 콜비츠나 한나 아렌트에
이르기까지, 세상 그 누구보다
인간답게 여자답게 살아갔던 이들을
사랑하는 마음을 담아 찬사했다.
더불어 여자가, 삶이, 시대가
무엇인지 돌아보게 하는 아름다운
책이다.

위로하는 정신
체념과 물러섬의 대가 몽테뉴

슈테판 츠바이크 지음, 안인희 옮김

세계적 전기 작가 슈테판 츠바이크가
쓴 몽테뉴 평전. 츠바이크의 마지막
작품이기도 하다. 츠바이크는 세계
대전과 프랑스 내전이라는 광란의
시대를 공유한 몽테뉴를 통해 자신의
이야기를 한다. 자기 자신이 되고자
끝없이 물러나며 노력했던 몽테뉴.
전쟁을 피해 다른 나라로 갔지만
결국 안식을 얻지 못한 츠바이크.
두 사람의 모습에서 혼란한 시대를
살아가는 사람의 자세를 사색하게
된다.